JEAN-MA

Jean-Marc Bloch a travaillé dans la police pendant près de quarante ans. Il y a notamment dirigé la BRI (l'Antigang), la BRB, l'état-major de la police judiciaire et le SRPJ de Versailles. Avec Arnaud Poivre d'Arvor, il présente l'émission « Non élucidé » sur la chaîne RMC Story. Il a également créé le festival 22, v'la le polar sur la Côte de Jade.

Ancien journaliste de radio, presse écrite et télévision, **Rémi Champseix** a participé à la création d'émissions comme les célèbres « Culture Pub » (M6) ou « Silence, ça pousse ! » (France 5). Il est aujourd'hui conseiller éditorial auprès de sociétés de production pour lesquelles il conçoit et développe des programmes pour la télévision.

LA CLÉ DE L'ÉNIGME

L'affaire Farid Ouzzane

DANS LA COLLECTION
« UNE ENQUÊTE RACONTÉE PAR... »

LA CLÉ DE L'ÉNIGME
L'affaire Farid Ouzzane

TEKNIVAL SANGLANT
L'affaire Mathilde Croguennec

LE MYSTÈRE DU PÂTISSIER EXÉCUTÉ
L'affaire Christophe Belle

JEAN-MARC BLOCH
ET RÉMI CHAMPSEIX

LA CLÉ DE L'ÉNIGME

L'affaire Farid Ouzzane

POCKET

Ce livre est l'adaptation libre du documentaire télévisé *La Clé de l'énigme*, réalisé par Marion Angelosanto dans le cadre de l'émission « Indices », produite par la société Phare Ouest pour la chaîne RMC Story.
Les auteurs se sont également appuyés sur l'intégralité des interviews filmées par la réalisatrice, ainsi que de tous les éléments de l'enquête rendus publics par la justice.

Hormis celui de la victime, tous les noms des protagonistes ont été modifiés, notamment ceux des accusés. Les autres personnages mis en scène ainsi que les dialogues qui leur sont prêtés sont purement fictifs.

FSC
www.fsc.org
MIXTE
Papier issu de sources responsables
FSC® C003309

Pocket, une marque d'Univers Poche, est un éditeur qui s'engage pour la préservation de l'environnement et qui utilise du papier fabriqué à partir de bois provenant de forêts gérées de manière responsable.

ISBN : 978-2-266-29983-1
Dépôt légal : octobre 2019

Chez les flics, on a l'habitude d'utiliser l'expression de « belle affaire ». C'est un peu comme chez le médecin : si vous débarquez chez un dermato, par exemple, avec un *boutonus vulgaris*, le toubib va vous le soigner, mais ça ne l'intéressera pas plus que ça. Ce qu'il aime, c'est tomber sur un truc compliqué, un truc rare, un truc bien pourri qui lui permettra de faire état de tout son art.

C'est pareil pour nous, les poulets. Plus une affaire est tordue, plus elle pue le pâté, plus elle est « belle ».

En cinquante ans, j'en ai vu passer, des belles affaires, mais celle que je vais vous raconter là est un modèle du genre, parce qu'elle est à la fois extraordinaire et exemplaire.

Certes, un homicide est, par essence, toujours extraordinaire. Car l'idée qu'un être humain puisse décider de tuer un autre être humain est un truc qui sort indéniablement de l'ordinaire… On sait ça depuis longtemps, depuis une baston fratricide mémorable entre deux individus fichés à tout jamais : Caïn et Abel.

Mais l'histoire vraie qui suit illustre à quel point la réalité peut se montrer beaucoup plus inventive que la fiction. Si un scénariste avait imaginé ça, tout le monde l'aurait accusé d'avoir poussé le bouchon du whisky un peu trop loin.

Cette affaire est fascinante, aussi, parce qu'elle fait partie de ces très rares histoires où le meurtrier est un baltringue qui fait n'importe quoi, qui improvise, qui bricole, mais qui parvient quand même à frôler le crime parfait. À un poil près, son crime aurait pu rester non élucidé *ad mortem æternam.*

Dans ces cas-là, les flics n'ont pas seulement besoin de mener une enquête sans faille : il leur faut aussi une chance inouïe.

C'est exactement ce qu'il s'est passé dans cette histoire. Pendant des mois et des mois, les enquêteurs – en l'occurrence la brigade de gendarmerie maritime de Lorient : une autre singularité de cette affaire – ont fait preuve d'une ténacité inébranlable et d'une méticulosité exemplaire dans leur boulot d'investigation, mais jamais ils n'auraient fini par confondre l'assassin sans un coup de pouce du destin.

Comme je le dis souvent : « Pour un flic, le manque de chance, c'est une faute professionnelle ! »

L'histoire commence le mercredi 13 juillet 2011 à Lorient. Dans la matinée, deux amis quittaient le port du Morbihan à bord de leur petit voilier, le *Rainbow II*. Cela faisait quelques jours qu'ils cabotaient le long de la côte. Ils avaient dormi à Lorient et mettaient le cap sur l'île de Groix, où ils prévoyaient de passer la nuit après avoir assisté au feu d'artifice du 14 Juillet. À bord, ils avaient embarqué l'avitaillement nécessaire pour la journée : sauciflard et blanc sec.

Le ciel était bleu foncé, la glacière aussi, et une fois la grand-voile hissée, le bateau glissait gentiment en s'éloignant de la côte. Soudain, vers 12 h 15, l'un des deux plaisanciers aperçut un objet qui flottait à une quinzaine de mètres à l'avant de l'étrave.

— Hé, Henri, regarde ! Y a un gros truc qui flotte là-bas ! Fais gaffe de pas aller taper dedans ! J'arrive pas à voir si c'est un tronc d'arbre… ou bien un tonneau ?…

— Où ça ?… Ah oui, c'est gros, dis donc ! Mais j'vois pas bien c'que c'est… Attends, je vais mettre un coup de moteur pour se rapprocher.

Quelques secondes plus tard, le voilier ralentissait non loin de l'objet flottant non identifié.

— Ben… c'est une valise ! Putain, elle est énorme ! Mais qu'est-ce qu'une valise fout là ?

— Et surtout, qu'est-ce qu'il y a dedans ?

— Du pognon ! T'imagines le truc ! Des trafiquants de drogue voient les gardes-côtes arriver, ils flippent et ils balancent tout leur pognon par-dessus bord ! Combien ça peut contenir une valise comme ça ? Deux millions ? Vingt ? Cent ? Attends… si c'est des liasses de 100 euros, une liasse, ça fait ça d'épaisseur…

— Par contre, si on tombe sur 50 kilos de drogue, on aura l'air fin ! Regarde : y a des cordages autour de la valise ! Je vais m'approcher encore, essaie de l'attraper…

L'homme se mit à plat ventre et, dès qu'il fut suffisamment près, il empoigna un cordage d'une main ferme.

— Mfff… J'peux pas la tirer… Elle pèse un âne mort !

— Attends, la lâche pas, je vais chercher une gaffe !

Après beaucoup d'efforts, les deux hommes comprirent qu'ils ne parviendraient jamais à hisser la valise sur le pont tellement elle était lourde. Ils parvinrent tout de même à l'arrimer au bastingage et à la soulever d'une trentaine de centimètres hors de l'eau. Ils découvrirent alors que des disques d'haltères étaient attachés aux cordages qui encerclaient le mystérieux bagage.

— Tu m'étonnes qu'elle est lourde ! Ils l'ont lestée. Ah, merde ! Y a un cadenas à chiffres. Passe-moi le couteau de plongée qui est là-bas. Je vais l'ouvrir, ta valise au trésor.

L'homme planta la pointe du couteau dans la toile noire et y fit une entaille d'une quinzaine de centimètres. Puis il glissa sa main à l'intérieur et agrippa quelque chose d'un peu gluant qu'il tira hors de la toile…

Un pied humain.

— Allô, Bernard ? Oui, c'est Mathieu au CROSS[1] d'Étel ! Tu vas bien depuis samedi ?... Oui, moi aussi. Putain, c'était chaud bouillant ! Mais tu connais le dicton breton : « Mieux vaut se réveiller avec une gueule de bois qu'une tête de con ! » Ah, ah, ah ! Dis-moi, on vient de recevoir un appel de deux gars en mer, là, et tu sais pas ce qu'ils ont trouvé dans la rade de Lorient ?... Nooon, pas ta belle-mère ! Pff... il est con, lui ! Ils ont repêché une valise. Oui ! Et tu sais ce qu'il y a dans la valise ?... Mais non, arrête tes conneries avec ta belle-mère. Y a un macchabée ! Si, si, j't'assure. On a envoyé un bâtiment sur place pour baliser le secteur. Donc je t'envoie les coordonnées et tu vois ça avec tes gars, OK ? Nous, ici, on s'occupe

1. Centre régional opérationnel de surveillance et de sauvetage.

que des vivants, les cadavres, c'est pour vous, les gendarmes ! Allez, salut, mon Bernard, et une bise à Michèle ! Et aussi, bon courage pour demain : je sais que le 14 Juillet, vous êtes toujours sur la brèche. Ouais, merci !

À 12 h 59, un Zodiac de la brigade de gendarmerie maritime de Lorient quittait le port. À 13 h 23, il arrivait sur zone. Les gendarmes calmaient les deux plaisanciers affolés par leur découverte et récupéraient le macabre bagage, non sans difficultés vu son poids. Direction : la base des fusiliers marins de Lorient, autant éviter un lieu public pour décharger pareil objet.

Pour moi, la présence des gendarmes maritimes est l'une des premières particularités de cette affaire, car ces gars sont plus habitués à mettre des contraventions aux bateaux qui vont trop vite qu'à enquêter sur des homicides. Mais les pandores lorientais ont très bien réagi. D'ordinaire, on procède aux premiers examens d'un cadavre sur place, là où il a été découvert. Mais là, les gendarmes ont tout de suite compris qu'en se précipitant et en ouvrant la valise sur le quai ils risquaient de dégrader son contenu et de laisser s'échapper des indices essentiels. Ils ont donc décidé qu'elle serait envoyée à l'institut médico-légal de Lorient pour y être ouverte en milieu « maîtrisé ». Ils l'ont jouée prudente, bien vu !

Quand le Zodiac parvint à quai, une grue souleva la valise avant de la déposer sur de grands sacs poubelle étendus par terre. Et lorsque les TIC[1] arrivèrent, ils connaissaient la consigne : « Surtout, n'ouvrez pas la valoche ! »

Les TIC commencèrent par examiner l'objet et le photographier sous toutes les coutures. La valise, de la marque Soleil, mesurait 80 cm de long, 55 de large et 30 de profondeur, soit un volume de 132 litres. Elle était en toile noire, munie de roulettes et verrouillée par un code à trois chiffres. Des cordages tressés multicolores l'entouraient, en matière synthétique, comme ceux que l'on utilise sur les bateaux. Trois disques d'haltères de 5 et 10 kg y étaient attachés, de la marque Décathlon, évidemment placés là pour lester l'objet.

En même temps qu'ils l'observaient, les TIC constatèrent qu'une odeur pestilentielle émanait de la valise, ce qui ne m'étonne pas. Et je peux vous dire que cette odeur-là, on ne s'y habitue jamais !

Ils l'auscultèrent ensuite minutieusement pour y chercher des empreintes digitales, puis la frottèrent avec les cotons-tiges spéciaux qu'ils utilisent pour récupérer d'éventuelles traces d'ADN.

1. Techniciens en identification criminelle.

Comme un sarcophage égyptien envoyé aux laboratoires du musée du Louvre, la mystérieuse valise noire fut alors transportée à l'institut médico-légal de Lorient pour y être ouverte. Là, deux gendarmes la déposèrent délicatement sur une table métallique.

Le médecin légiste chargé de procéder à l'ouverture était le Dr Rayan Benyahoud, assisté d'un agent de service de l'hôpital réquisitionné par la gendarmerie pour l'occasion : Caroline Mourier. Comme la valise était fermée par un code, le toubib prit une grosse paire de ciseaux et commença à découper le couvercle en toile. Derrière lui, dans la pénombre, une demi-douzaine de gendarmes et de TIC retenaient leur respiration. Quand le légiste souleva le couvercle, tout le monde se pencha en avant.

À l'intérieur de la valise, enveloppé dans une bâche en plastique transparent, se trouvait un corps humain replié en position fœtale sur son côté gauche. Ses chevilles, ses genoux et ses poignets étaient attachés à l'aide d'un large ruban adhésif blanc. Mais c'est surtout sa tête, totalement emballée dans une épaisse couche du même scotch blanc, qui lui donnait un air effrayant de momie recouverte de bandelettes.

Dans son coin, un jeune gendarme, les yeux écarquillés, ne put s'empêcher de lâcher un « Puuuutaaain ! ».

— Eh ben ça, j'avais encore jamais vu ! lança le légiste tandis que toute l'assemblée reprenait son souffle.

Le déclencheur de l'appareil photo d'un TIC crépitait.

— Messieurs, vous pouvez nous aider à le sortir de là, s'il vous plaît ? demanda le toubib.

Deux TIC enfilèrent des gants de chirurgien en latex bleu et aidèrent le médecin et son assistante à extraire le cadavre de la valise et à l'allonger sur la table métallique : la rigidité cadavérique, qui s'installe trois heures après la mort, disparaît trois jours plus tard. Il était donc facile de déplier ce corps putréfié.

L'homme était pieds nus, vêtu d'un blouson de cuir noir, d'un débardeur rouge et d'un jean fermé par une ceinture de cuir multicolore. Ni montre ni bijoux. Aidé par son assistante, le légiste le déshabilla délicatement et posa les vêtements sur une paillasse voisine en les annonçant consciencieusement, un par un :

— Un blouson léger noir de marque Cerruti, taille M… un T-shirt type marcel de marque Divided de couleur rouge, taille S… un jean noir de marque Energie, taille 33, avec une ceinture de cuir de taille 33 de marque Dolce & Gabbana… et un slip boxer noir de marque Calvin Klein, taille M.

— Docteur ?

— Oui, Caroline ?

— Je me permets de signaler que, visiblement, ces vêtements sont pour la plupart des contrefaçons.

— C'est clair ! lança le plus jeune gendarme dans son coin.

— Merci à vous pour cette précision, dit le légiste en souriant.

Le toubib prit ensuite une autre paire de ciseaux, plus petite, pour découper les entraves des chevilles, des genoux et des poignets, avant de placer sous scellés numérotés les rubans adhésifs. Puis il attaqua précautionneusement le scotch qui entourait la tête de l'inconnu. Quand le visage apparut enfin, plusieurs gendarmes firent une grimace de dégoût. Le faciès était horriblement difforme, la peau visqueuse et grise ; les paupières fermées semblaient collées, le nez avait été enfoncé par la pression du ruban adhésif et, dans la bouche entrouverte, la moitié des dents avaient disparu. Bref, une tête de monstre, cauchemardesque.

Malgré tout, on pouvait voir que l'homme était de type méditerranéen et le légiste lui donna entre 20 et 30 ans. Ses cheveux étaient noirs, courts et frisés. Il était circoncis, ne portait ni tatouage ni cicatrice apparente. Le toubib le mesura – 1,79 m, pointure 40 – et le pesa – 70 kg. Il lui ouvrit les yeux pour constater qu'ils étaient marron.

— Vous remarquerez, messieurs, que notre homme a le torse, le pubis et les aisselles épilés, des sourcils soignés et une denture très bien entretenue. Ajouté à ses vêtements à la mode – même de contrefaçon… –, j'en déduis qu'on n'a pas affaire à un marginal, un SDF ou autre « punk à chien ».

Le chef de la brigade de gendarmerie maritime, le capitaine François Beaumont, intervint :

— Reste à savoir à qui nous avons affaire…

Un TIC barbu, tenant un tampon d'encre et un bloc de papier, s'approcha du macchabée et lui prit la main droite. Saisissant le pouce du mort, il appliqua délicatement la première phalange sur le tampon encreur avant de la faire rouler de gauche à droite sur le papier. Il regarda le résultat en faisant la moue. Il recommença avec les autres doigts, puis la paume de la main. Idem avec la main gauche…

— Aucune empreinte papillaire ni palmaire, capitaine ! L'eau de mer a trop rongé la peau…

— C'est bien ce que je craignais. Et dans les poches ?

Le barbu prit le blouson de cuir sur la paillasse. Il fouilla une poche, puis l'autre, puis les poches intérieures… rien. Il tendit le blouson à un autre TIC, qui le glissa avec moult précautions dans un sac en plastique transparent. Après avoir refermé le sac, il y inscrivit un numéro de scellé. Le barbu se saisit ensuite du pantalon et plongea sa main dans la poche gauche.

Il en ressortit un petit briquet de plastique bleu clair, trois billets de 20 euros et quelques pièces de monnaie, qu'il déposa sur la paillasse. Son collègue les ramassa aussitôt. Nouveau sac de scellé, nouveau numéro. Le barbu attaqua la poche droite.

— Tiens, voilà autre chose…

C'est alors que, sortant lentement sa main gantée de latex bleu, il découvrit, en même temps que l'assemblée, l'objet qu'il tenait entre le pouce et l'index…

Une clé.

— Eh bien, sans papiers, sans carte bleue, sans téléphone, sans marque distinctive et avec un visage difforme, ça ne va pas être simple d'identifier ce monsieur ! lança le capitaine Beaumont.

— Je ne suis pas enquêteur, capitaine, mais il me semble qu'un suicide paraît fort peu probable, n'est-ce pas ? ironisa le légiste.

— Je partage votre « analyse », docteur !

— Autrement dit, le proc va demander une autopsie pour identification et recherche des causes de la mort ?

— Affirmatif, docteur !… On se dit donc à demain, bonne soirée à tous !

Quelques minutes plus tard, dans le sous-sol de la morgue, l'assistante du légiste refermait la porte du casier métallique réfrigéré dans lequel reposait le cadavre de l'inconnu.

Dès le lendemain, 14 juillet, deux médecins légistes se retrouvaient à l'institut médico-légal : les Drs Benyahoud et Le Quellec. Ils avaient été réquisitionnés pour procéder à l'autopsie, tout comme l'assistante hospitalière Caroline Mourier.

— Ravi de vous revoir tous ! lança le Dr Benyahoud à l'assistance. Conformément à la demande du procureur, le corps de notre inconnu a été passé au scanner cette nuit. Conclusion : aucune présence de corps étranger ni de fracture. Eh bien, c'est parti !

Comme toujours, l'autopsie commença par un examen externe du corps. Le légiste se pencha avant tout sur le visage de l'inconnu.

— Je constate un aspect très congestionné, des tissus très cyanosés. En attendant confirmation ou infirmation ultérieure, on peut supposer que la victime était en vie quand on lui a entouré la tête de ruban adhésif.

— Par ailleurs, reprit son confrère, les différentes couleurs de la peau entre le haut et le bas du corps prouvent que le cadavre flottait la tête en bas.

Le Dr Benyahoud souleva un bras du mort, puis l'autre, les observa attentivement, réorientant la grosse lampe chirurgicale accrochée au plafond. Puis il demanda à l'assistante de soulever un peu le corps pour permettre l'examen du dos.

— Les bras, les avant-bras, les épaules et le dos portent de nombreux hématomes, dont plusieurs probables lésions de défense. Leur aspect indique qu'ils ont été provoqués *ante mortem*. Je rappelle aux plus jeunes d'entre vous qu'après la mort, le sang cesse de circuler dans le corps. Donc si on frappe un cadavre, il ne se forme pas d'hématomes sur les blessures. S'il y a hématome, c'est que la blessure a été faite sur une peau dans laquelle le sang circulait… donc *avant* la mort. Je remarque que ces hématomes présentent des tailles et des profondeurs différentes. Ils ont donc été provoqués soit avec des objets différents, soit par des personnes différentes. Cette seconde hypothèse semble confirmée par des marques de saisie : l'homme pourrait avoir été tenu par quelqu'un pendant que quelqu'un d'autre le frappait.

— De toute façon, intervint le capitaine Beaumont, j'imaginais mal un seul agresseur enrouler le cadavre dans la bâche, le mettre dans la valise et aller jeter le tout en pleine mer... Faut être plusieurs pour faire tout ça !

Le Dr Le Quellec enchaîna :

— Je constate également la présence d'une ecchymose d'origine traumatique en région frontale droite, résultant d'un coup porté plutôt que d'un choc accidentel.

Les heures qui suivirent furent à l'image d'une autopsie traditionnelle : gores. Voir quelqu'un découper un type pour extirper ses organes, c'est le genre de scène qui, quand vous n'y êtes pas habitué, vous fait au mieux vomir, au pire tourner de l'œil. Mais dans ce métier, croyez-moi, on a tous connu ça et, après avoir assisté à quelques ouvertures de macchabées, on s'y fait. Ou bien on change de boulot...

En résumé, les légistes ne relevèrent aucune plaie par arme blanche ni aucune entrée de projectile. Pas de lésion constatée sur le bloc pharingo-laryngé non plus.

Une fois la boîte crânienne ouverte, le cerveau se révéla totalement liquide. Il était donc impossible d'y déceler la moindre lésion neurologique : si la victime avait subi une commotion cérébrale – après un coup sur la tête, par exemple –, on ne pouvait plus en retrouver la trace. En revanche, l'examen anatomo-pathologique fit apparaître une « maladie coronarienne sévère par artériosclérose marquée », mais elle n'était pas liée à la mort. Et peut-être même l'inconnu ignorait-il qu'il était atteint de cette pathologie.

Les poumons du mort étaient très lourds, signes indéniables d'une asphyxie. Ils ne contenaient pas d'eau, donc le type n'était pas mort noyé : il ne respirait déjà plus quand il avait été immergé.

Les légistes en déduisirent la cause de la mort : suffocation par obstruction des voies respiratoires. Autrement dit, la victime était encore vivante – et, espérons-le, inconsciente – quand on lui avait entouré la tête avec le gros scotch, et c'est ce bandage qui l'avait empêchée de respirer, l'asphyxiant jusqu'à la mort.

Les toubibs précisèrent qu'il aurait été impossible de placer dans cette valise un homme de cette taille alors qu'il était en pleine vie : il se serait trop débattu. Même impossibilité après l'apparition de la rigidité cadavérique : le manque de souplesse des articulations aurait empêché de le plier en position fœtale. Conclusion : soit la victime avait été placée dans la valise très peu de temps après la mort, soit elle était encore vivante, mais en état d'agonie très avancée.

Les légistes découpèrent le cœur, le foie, les poumons et tout un tas de trucs qui, l'un après l'autre, furent placés dans des bocaux sous scellés, avec numéros d'identification.

Idem pour le sang et le bol alimentaire du cadavre. Les analyses révélèrent que la victime avait bu du café et qu'il avait 0,33 gramme d'alcool dans le sang. Mais les expertises toxicologiques ne décelèrent la présence d'aucune substance toxique : l'homme n'était pas drogué.

— Et pour la date de la mort ? demanda le capitaine Beaumont.

— Désolé, capitaine, répondit le Dr Benyahoud, mais vu son état, il est impossible de donner une date précise. Mais comme je sais que vous allez insister, je dirais qu'il est mort... il y a deux ou trois semaines, maximum un mois, quelque chose comme ça.

Il se tourna vers son collègue.

— Tout à fait d'accord ! confirma le Dr Le Quellec.

Le Dr Benyahoud se retourna vers le capitaine Beaumont.

— J'imagine que vous allez demander à l'IRCGN[1] une recherche d'empreintes plus poussée ?

— Oui, bien sûr.

— Et des analyses spécifiques sur le visage ?

1. Institut de recherche criminelle de la gendarmerie nationale.

— Certainement !

— OK.

Entre différents outils, scies, pinces et ciseaux, bien rangés sur une table roulante métallique, le Dr Benyahoud saisit une petite scie circulaire électrique et l'alluma. *Bzzz...* En quelques secondes, il avait sectionné les deux mains du cadavre, aussitôt mises sous scellé numéroté par le TIC barbu. Le toubib posa ensuite sa scie circulaire sur le cou du cadavre et, très vite, la tête se détacha du corps. Vu sa taille, elle fut déposée dans un simple seau, numéroté à son tour.

Pendant ce temps, le Dr Le Quellec avait remarqué le jeune gendarme qui pâlissait de plus en plus dans un coin de la pièce, visiblement peu habitué à ce genre de boucherie. Or, si les légistes ont toujours une approche très respectueuse des corps sur lesquels ils travaillent, ils sont souvent taquins à l'égard des observateurs moins blindés qu'eux. Le toubib enfonça profondément ses deux mains dans le ventre du cadavre et, les ressortant soudain, il se retourna vers le jeune gendarme tout pâlot et lui lança quelque chose en ordonnant :

— Prenez-moi ça, s'il vous plaît !!!

Instinctivement, le jeune homme attrapa l'objet des deux mains. Et quand il les rouvrit, terrorisé, il découvrit qu'il tenait en fait la grosse montre du légiste, un peu engluée dans des liquides organiques. Tout le monde éclata de rire… sauf le jeune gendarme qui riait jaune sur un visage passé du blanc au vert.

Il sortit en courant pour aller vomir.

Le 15 juillet, le capitaine Beaumont raccrocha son téléphone et se tourna vers ses hommes, réunis dans son bureau de la brigade de gendarmerie maritime de Lorient.

— Le proc est d'accord pour une restructuration des mains. Il le sait : on ne peut pas faire grand-chose d'autre pour l'instant…

Effectivement, la priorité des pandores était de retrouver qui était cet inconnu, qu'ils avaient surnommé « Victor » en attendant de connaître son vrai nom.

En l'absence d'empreintes digitales, les enquêteurs avaient envoyé l'ADN de Victor au FNAEG. Le Fichier national automatisé des empreintes génétiques répertorie les profils ADN récupérés soit sur des scènes de crime, soit sur des individus qui ont été placés en garde à vue pour un crime ou un délit. En 2011, il contenait plus de deux millions d'empreintes génétiques[1], mais le résultat était tombé : aucun ADN répertorié ne matchait avec celui de l'inconnu de la valise.

Le proc avait donc accepté la proposition du capitaine Beaumont de demander aux spécialistes de l'IRCGN une restructuration des mains de Victor pour tenter de récupérer ses empreintes digitales.

— Ça marche comment, ce truc ? demanda Loïc Perben, *alias* « le Bleu », qui s'était remis de son bizutage de la veille pendant l'autopsie.

— En fait, les empreintes digitales qu'on voit sur nos doigts sont des stries dans l'épiderme, répondit le capitaine Beaumont. Mais en dessous, il y a d'autres couches de peau : le derme, l'hypoderme… Et dans ces « sous-couches », les dessins des empreintes sont moins marqués, mais ils sont là. Donc c'est comme chez les reptiles qui muent : même quand la première peau s'enlève, on peut retrouver les dessins en dessous. Très précisément, je ne pourrais pas vous dire comment ça marche. Je sais simplement que les gars de l'IRCGN injectent des produits dans les doigts et qu'ensuite ils les trempent dans des bains chimiques qui permettent de faire réapparaître tous les sillons et les crêtes qui forment les empreintes digitales.

1. Il en compte aujourd'hui près de 3,5 millions.

— Y font d'ces trucs, maintenant ! maugréa dans son coin Maurice Granbay, *alias* « le Vieux », avec son ton bougon habituel.

Le lendemain, les experts de l'IRCGN avaient reçu les mains coupées de Victor dans leur labo de Cergy-Pontoise et ils se mettaient à l'ouvrage. Après des heures de manipulations minutieuses, ils parvinrent à envoyer au capitaine Beaumont des empreintes assez précises. Elles furent aussitôt transférées au FAED, le Fichier automatisé des empreintes digitales, pour être comparées aux millions d'empreintes répertoriées.

Quand le capitaine Beaumont vit apparaître le message du FAED sur sa boîte mail, il cliqua dessus avec une vive excitation.

— Alors, capitaine ? lui demanda le Bleu.

— Rien ! Ça ne matche pas, répondit Beaumont dépité. Aucune correspondance dans le FAED non plus ! Victor n'est répertorié nulle part, il n'a aucun passé judiciaire. Et, au passage, on a aussi vérifié dans les deux fichiers : Victor n'est pas Xavier Dupont de Ligonnès[1].

— Et alors ? Qu'est-ce qu'on fait, capitaine ?

— On continue à chercher ! Quoi d'autre ?

1. Depuis 2011, la police est à la recherche de Xavier Dupont de Ligonnès, soupçonné d'avoir abattu sa femme et ses quatre enfants avant de les enterrer dans le jardin familial (*N.d.A.*).

Ce chiffre m'épate toujours : chaque année, en France, il y a 40 000 personnes dont un proche, inquiet, signale la disparition. Les trois quarts de ces disparus sont retrouvés, mais il reste 10 000 disparitions qui ne sont pas élucidées dans l'année, et dont on ignore combien sont des actes volontaires – escapades ou suicides – et combien sont des accidents, des enlèvements ou des meurtres.

Quoi qu'il en soit, quand vous tombez sur le cadavre d'un inconnu, il y a toujours quelqu'un qui le recherche quelque part. Personne ne vit totalement isolé. Le tout, c'est de connecter le « trouvé » à celui ou celle qui le cherche.

— Bon, j'ai eu le proc au téléphone, lança le capitaine Beaumont à ses hommes, coupant le brouhaha de leurs conversations. Pas question de laisser tomber Victor comme ça ! On espérait tous que le FNAEG ou le FAED donneraient quelque chose, mais non. Alors on va la jouer autrement : Victor est obligatoirement le fils de quelqu'un, ou bien le mari, le père ou que sais-je encore ? À nous de retrouver ce quelqu'un qui doit être en train de chercher « son » disparu…

— Et concrètement ? demanda le Bleu.

— On lance une circulaire de recherche à tous les services de police et de gendarmerie du pays, répondit d'un ton monocorde le Vieux, appuyé contre un mur dans un coin de la pièce, les mains dans les poches.

— Absolument ! confirma Beaumont. Mais pour ça, on a besoin de deux choses : un portrait-robot de Victor et son âge exact. Pour l'âge, c'est facile : avec ses os et ses dents, les anthropologues de l'IRCGN peuvent nous dire ça…

— Et pour le portrait-robot ? demanda une gendarme toute frisée. Elle s'appelait Camille Zucchini, mais depuis qu'ils avaient appris que cela voulait dire « courgettes » en italien, tous ses collègues la surnommaient « Courgette ».

— Apparemment, les logiciels de l'IRCGN peuvent sortir quelque chose à partir des traits du visage restés apparents malgré le séjour sous l'eau. Le proc envoie les demandes en urgence absolue. Maurice, vous pouvez vous occuper de livrer la tête à Cergy, s'il vous plaît ?

— OK capitaine, répondit le Vieux, toujours ronchon.

Trois jours plus tard, les deux résultats tombaient. Première surprise : contrairement aux estimations du légiste, Victor n'avait pas 25 ans, mais entre 40 et 55 ! Mais c'est surtout le portrait-robot envoyé par les experts qui impressionna toute la brigade, car le dessin fourni donnait à Victor un visage humain, et non plus celui d'une momie effrayante aux traits rongés par l'eau de mer.

— C'est parti ! ordonna le capitaine Beaumont. On envoie ça partout : il y a bien une femme, des enfants ou ne serait-ce que des amis ou des voisins qui recherchent cet homme et qui ont signalé sa disparition quelque part !

C'est ainsi que, le 19 juillet 2011, soit six jours après la découverte du corps de l'inconnu dans la valise, tous les commissariats et les gendarmeries de France recevaient le portrait-robot de Victor.

Deux jours plus tard, la machine judiciaire se mettait en branle. Le procureur de la République de Lorient décida l'ouverture d'une information judiciaire pour « arrestation, enlèvement, séquestration ou détention arbitraire suivie de mort en bande organisée, assassinat, recel de cadavre, recel de cadavre d'une personne victime d'homicide ou de violences ayant entraîné la mort sans intention de la donner ». Dans notre jargon, on dit qu'il avait « ouvert large », comme quand on administre un antibiotique à large spectre, histoire d'être sûr qu'on ne rate rien.

Une juge d'instruction fut aussitôt chargée de l'affaire : Aurélie Radievic qui, très judicieusement selon moi, décida que l'enquête continuerait d'être confiée à la gendarmerie maritime. Elle transmit donc sa décision au patron de la section de recherches de la gendarmerie maritime, basée à Houilles en région parisienne. En effet, si les gendarmes de Lorient avaient bien assuré jusque-là, ce n'étaient pas des spécialistes de l'investigation criminelle. Un expert en homicides fut donc envoyé sur place pour prêter main-forte à ses collègues locaux, en tant que directeur d'enquête : le commandant Henri Chappel, accompagné d'un jeune adjoint. Dès son arrivée, il constitua une cellule dédiée à l'affaire, qu'il baptisa « Valise 56 ».

— Bonjour, mon commandant et bienvenue à Lorient ! salua le capitaine Beaumont en accueillant son supérieur. Est-ce que vous êtes bien installés ? Vous avez de la chance qu'on ait eu des logements libres autour de la gendarmerie.

— Enchanté, capitaine ! Nos logements sont parfaits, merci beaucoup.

La cellule d'enquête se mit aussitôt au travail. Première décision du commandant Chappel : élargir le cercle des demandes de recherches.

— Lorient est un port de passage international et Victor n'est peut-être pas français, expliqua-t-il à l'équipe. Il a peut-être été jeté en mer d'un bateau étranger. Granbay, vous envoyez la circulaire à Interpol et à la Direction de la coopération internationale du ministère de l'Intérieur, s'il vous plaît. L'avis de recherche parviendra ainsi à tous les officiers de liaison et tous les attachés de sécurité intérieure en poste dans les ambassades de France à l'étranger... Logiquement, la disparition de Victor a dû être signalée quelque part !

Mais les semaines passèrent sans apporter le moindre résultat. Dans aucun pays, on n'avait signalé la disparition d'un homme correspondant au profil de Victor.

Jusqu'alors, tout ce qui avait été tenté pour identifier l'inconnu de la valise s'était révélé infructueux. Les gendarmes prirent donc la décision de la jouer « à l'ancienne », en faisant une enquête de voisinage.

Dans notre jargon, on appelle ça la « technique de l'escargot » et ce, pour trois raisons. D'abord, parce qu'on part du centre et qu'on agrandit le cercle au fur et à mesure des investigations. Ensuite, parce que, inévitablement, ça va lentement. Enfin, parce qu'on sait qu'on risque d'en baver pendant un bout de temps...

— Tout le monde sur le terrain ! lança d'une voix ferme le commandant Chappel. Vous prenez le portrait-robot et la fiche signalétique de Victor, et vous commencez par Lorient. Si ça ne donne rien, on élargit les recherches au Morbihan. Si ça ne donne toujours rien, on fait toute la Bretagne et, s'il le faut, on fera toute la planète !

C'est ainsi que, pendant des semaines, les gendarmes quadrillèrent la région, interrogeant des centaines de personnes, suivant les pistes en fonction du peu d'infos dont ils disposaient.

Victor était circoncis : il était peut-être musulman. Et en examinant ses traits, les gendarmes avaient le sentiment qu'il était plutôt originaire d'Asie centrale : Turquie, Kurdistan, Arménie ou Azerbaïdjan. Ils interrogèrent donc toutes les associations de la région liées à ces communautés… sans résultat.

À moins que Victor ne fût rom ? Beaucoup de Roms, venus de Macédoine ou du Kosovo, sont présents dans le Morbihan où ils demandent le statut de réfugiés. Les enquêteurs questionnèrent tous les centres d'accueil, associations de demandeurs d'asile, centres de rétention, services préfectoraux, ministère de l'Intérieur… sans résultat.

Victor était épilé et bien habillé : peut-être était-il gay (bien que, remarquèrent les enquêteurs, l'autopsie n'eût relevé aucune lésion anale) ? Investigations et interrogatoires dans tous les lieux notoirement gays de Lorient et du département : discothèques, bars, clubs de sport, associations LGBT… sans résultat.

Victor n'avait pas ses papiers : les lui avait-on volés ? Les avait-il perdus ? Recherches auprès de tous les services administratifs concernés, puis épluchage de tous les documents d'identité déclarés volés ou trouvés sur la voie publique... sans résultat.

Victor avait-il été intérimaire chez DCNS, le constructeur de navires militaires qui emploie plus de 2000 personnes à Lorient ? Les gendarmes étudièrent le profil de tous les étrangers embauchés par l'entreprise au cours des six derniers mois... sans résultat.

Victor était-il un taulard récemment libéré ? Vérifications faites auprès des centres de détention de Rennes et de Ploemeur... sans résultat.

Victor avait-il débarqué d'un navire marchand qui avait accosté dans un port de la région ? Toutes les compagnies concernées se virent contraintes de transmettre à la gendarmerie leurs *crew lists* détaillées, avec photos de tous les membres d'équipage.

C'est alors qu'un bateau retint l'attention des gendarmes : un vraquier turc arrivé de Dakar. En effet, l'un de ses marins avait été débarqué pour raisons médicales pendant une escale à Lorient le 11 juillet. Les enquêteurs parvinrent à retrouver le taxi qui avait emmené le marin turc chez le médecin, puis le toubib qui lui avait fait une ordonnance, puis la pharmacie qui lui avait vendu les médocs, puis le taxi qui l'avait amené à l'aéroport de Lorient, et enfin la compagnie aérienne qui l'avait enregistré sur un vol pour Athènes le lendemain matin à 6 h 40… fausse piste.

Victor avait-il une voiture ? Les gendarmes épluchèrent tous les véhicules flashés dans la région au cours des dernières semaines, ainsi que les voitures enlevées et mises en fourrière.

Une Citroën ZX blanche, immatriculée dans le Morbihan et embarquée à la fourrière de Lorient le 10 juillet, attira leur attention : sur la plage arrière était posé un rouleau de ruban adhésif identique à celui qui avait servi à attacher les membres de Victor. Dans l'heure suivante, des TIC arrivaient sur place pour examiner la ZX sous toutes les coutures, plaçant sous scellés les objets saisis à l'intérieur, relevant les empreintes digitales, photographiant tout dans les moindres détails. Des poils, des cheveux et des mégots de cigarettes furent immédiatement envoyés en laboratoire pour y chercher des traces d'ADN. Pendant ce temps, une équipe investiguait sur le propriétaire de la voiture, un couvreur de 53 ans né à Oran. Mais, très vite, il s'avéra que ce type n'avait rien à voir avec l'affaire. Vous imaginez la tronche du gars qui, parce qu'il n'avait pas payé son stationnement et que sa voiture avait été embarquée à la fourrière, s'est retrouvé suspecté dans le cadre d'une enquête pour homicide ? D'autant qu'il dut attendre des mois avant que l'administration judiciaire lui rende sa voiture et son contenu. Je suis sûr que, depuis, ce type fait très attention de bien payer ses parcmètres !

Je vais vous épargner la liste incroyable de tous les gens que les gendarmes ont interrogés en leur montrant le portrait-robot de Victor. Je ne signalerai que les sociétés de maintenance marine qui auraient pu l'embaucher, patrons de bars et commerçants qui auraient noté la disparition d'un employé ou d'un client, hôtels, campings et maisons d'hôtes, offices HLM et gardiens d'immeubles, bars-tabacs, fast-foods, kebabs, discothèques, offices de tourisme, marchés, agences d'intérim, magasins de vêtements vendant les marques Cerutti ou Calvin Klein, revendeurs de valises de la marque Soleil… Au total, entre fin juillet et fin octobre 2011, ces gars ont interrogé pas moins de 251 établissements situés dans un rayon de 20 kilomètres autour de Lorient !

Sur ce coup, les gendarmes ont fait preuve d'une méthodologie minutieuse et d'une pugnacité qui forcent le respect. Un boulot phénoménal… mais qui pose question. Car, vous le verrez, ce n'est pas le seul moment dans cette affaire où les pandores de la brigade maritime ont montré une démesure impressionnante dans les moyens mis en œuvre. J'ai connu des enquêtes sur des bandes de dangereux braqueurs multirécidivistes pour lesquelles on n'a pas sorti une telle armada ! Selon moi, cette profusion s'explique par le fait que la gendarmerie maritime est rarement chargée de ce genre d'enquête, contrairement à un service vraiment spécialisé dans les homicides. Là encore, c'est comme en médecine : certains obstétriciens, bien que très compétents, ne font que quelques accouchements par mois, tandis que d'autres les enchaînent toute la journée et ont donc beaucoup plus d'expérience. Selon moi, les chefs de la brigade maritime ont dû flipper à l'idée de se planter et ils ont mis le paquet pour prouver qu'ils étaient à la hauteur de la mission qui leur était confiée. D'où, parfois, une certaine démesure dans les investigations menées. Mais qu'importe : quand on cherche un meurtrier, on ne pèche jamais par excès de zèle !

Malheureusement, malgré les moyens considérables qu'ils avaient déployés et après avoir ratissé toute la région, les pandores durent se rendre à l'évidence : tout ça n'avait rien donné. *Nada*.

Les mois passaient et le mystère de l'inconnu de la valise était entier.

Plus d'un an s'était écoulé quand, un matin, le directeur d'enquête Henri Chappel entra dans le bureau du capitaine Beaumont, un dossier à la main.

— Bonjour, François !

— Bonjour, Henri. Comment ça va ?

— Je viens de recevoir le rapport que j'avais demandé à la cellule spéciale de Houilles. Tu sais, je t'en avais parlé. C'est ces gars qui entrent toutes les données de l'enquête dans leurs ordis et qui utilisent des algorithmes pour faire des recoupements et sortir des choses qui ont pu nous échapper. Ils ont récupéré toutes les infos qu'on a récoltées et ils ont fait mouliner leurs bécanes avec ce fameux logiciel, Anacrim…

Chappel tendit à son collègue le dossier simplement titré « RAPPORT », et à l'en-tête : Gendarmerie nationale – Cellule spéciale d'analyses criminelles.

— Ah, oui ! Alors ? Des choses intéressantes ?

— Je te laisse le lire et me dire ce que tu en penses. Tu m'appelles dès que tu as fini, s'il te plaît ?

— OK, pas de problème, merci.

Une fois le commandant sorti, Beaumont se cala dans son fauteuil et commença par feuilleter rapidement le rapport. Le dossier faisait une quinzaine de pages dans lesquelles, outre du texte, apparaissaient des graphiques, des tableaux, des cartes et des diagrammes très complexes, avec des flèches dans tous les sens, des nuages de mots, de numéros de téléphone et de plaques minéralogiques… Ça faisait très sérieux !

Avec une moue admirative, Beaumont attaqua la lecture.

Après quelques pages de récapitulatifs administratifs, les experts en analyse avaient identifié six hypothèses pour éclairer le profil de l'inconnu de la valise et les causes possibles de son meurtre.

Hypothèse n° 1 : l'homme a été victime d'un crime lié au travail dissimulé, en relation avec le « milieu négrier de la construction et des pourvoyeurs de main-d'œuvre ».

Dans ce scénario, Victor était un travailleur clandestin venu de l'est de la Turquie. Il était vêtu de manière tendance car, affirmait le rapport, « le Turc est très attaché au regard des autres ». Des traces, relevées à l'autopsie sur son genou gauche, laissaient penser qu'il travaillait dans le bâtiment (carreleur, couvreur...), comme le confirmaient la bâche plastique et le ruban adhésif, couramment utilisés sur les chantiers. Mobile envisagé : Victor, exploité à cause de son statut de clandestin, souhaitait dénoncer le trafic et ses employeurs l'auraient fait taire.

Hypothèse n° 2 : un règlement de comptes lié au crime organisé.

Le rapport précisait que cinq mafias principales étaient recensées en France, dont deux bien implantées en Bretagne : les « Vory v Zakone » (Russes, Géorgiens, Ukrainiens, Tchétchènes, etc.) et les Baltes. Dans ce contexte, la mort de Victor pouvait être liée, soit à la recrudescence des vols de moteurs de bateau sur les côtes françaises, soit à l'impôt révolutionnaire exigé par l'organisation séparatiste kurde PKK, du fait de la présence de commerces gérés par la communauté turque sur le bassin lorientais.

Hypothèse n° 3 : un règlement de comptes dans le milieu des gens du voyage.

Ici, Victor était issu de la communauté rom. En effet, expliquait le rapport, les cordages et les haltères avaient pu être jetés par leurs propriétaires dans des bennes à ordures... que les Roms ont notoirement l'habitude de piller. Était jointe une carte extraite du journal *Le Monde*, montrant les différentes implantations de Roms à travers l'Europe.

Hypothèse n° 4 : un règlement de comptes dans le milieu des stupéfiants, par exemple à cause d'une dette impayée.

Hypothèse n° 5 : un crime passionnel, Victor ayant été puni pour avoir eu une relation extraconjugale.

Hypothèse n° 6 : un crime relatif au cercle familial.

Dans ce cas, le fait que Victor ait eu le visage entièrement recouvert de bandage blanc s'expliquait par le fait que ses meurtriers n'avaient pas supporté d'être confrontés au regard de leur victime.

Beaumont interrompit sa lecture et tourna la tête vers la fenêtre de son bureau, songeur, sans voir le ciel gris. Après quelques secondes de réflexion, il reprit sa lecture.

Les experts avaient ensuite cherché à savoir s'il pouvait s'agir d'un crime de tueur en série. Pour ça, ils avaient tapé « corps dans valise » sur Google. Dix-neuf cas étaient apparus, répertoriés à travers le monde entre 1999 et 2011. Suivait un tableau de répartition de ces meurtres en fonction du lieu de découverte du corps : hôtel, aéroport, train, zone industrielle, canal... Dans une affaire, un cadavre avait été retrouvé dans une valise avec les pieds et les poings liés et la tête entourée de ruban adhésif.

Mais il s'agissait d'un Mexicain abattu par un cartel de la drogue à Ciudad Juárez dix ans auparavant. Le corps d'un Serbe avait également été retrouvé dans le port de Trébeurden, en Bretagne, le visage entouré de scotch et les pieds attachés à un bloc de granit par un cordage marin. Mais l'enquête avait démontré qu'il s'agissait indubitablement d'un suicide.

Suivaient des pages sur les recommandations de l'islam en matière d'épilation masculine et sur les habitudes vestimentaires des populations de l'Europe de l'Est, puis des phrases comme : « La présence d'un briquet dans sa poche pourrait indiquer que la victime fumait »… « L'absence de chaussures pourrait être due à une prière musulmane ou à des chaussures mal lacées qui seraient tombées »… « Les cordages peuvent provenir de la région de Lorient ou de l'ensemble de la façade atlantique française, ou bien encore d'un autre endroit »…

Beaumont examina ensuite les diagrammes impressionnants qui suivaient. Une page, titrée « Relationnel véhicules volés et véhicules en infraction vitesse », était entièrement remplie de centaines de petits dessins de voitures et de plaques d'immatriculation, tellement agglutinées qu'elles en étaient totalement illisibles. Sur une autre page, des flèches dans tous les sens reliaient des photos d'inconnus de type méditerranéen, des numéros de téléphone, des plaques d'immatriculation, des références de comptes bancaires...

Beaumont reposa le dossier sur son bureau et décrocha son téléphone. Il était très ennuyé.

— Allô, Henri ? Oui, j'ai lu ton dossier. Eh bien, écoute... euh... c'est très impressionnant, dis-moi ! Ils sont forts, ces gars, hein ? J'avoue que je ne comprends pas tout, mais... Tu vois ça comment, toi ?

— François, dis-moi sincèrement ce que tu en penses. Pas de chichis, s'il te plaît.

— C'est quoi ce truc, Henri ? Ils ont juste oublié un scénario : Victor était le fils caché d'Hitler, il a tué Kennedy et il a été abattu par des extraterrestres pour un trafic de kryptonite ! Désolé, Henri, mais malgré tout le respect que je porte à notre honorable institution, je trouve que ce genre d'analyses tient de la branlette intellectuelle ! Je ne sais pas comment sont programmés leurs algorithmes, mais ce rapport nous dit tout et son contraire. Et surtout, ça ne nous apporte *rien* qui permette de faire avancer l'enquête. Pardon, mais tu m'as demandé d'être franc. Tu en penses quoi, toi ?

— La même chose que toi : c'est nul et ça sert à rien !

— Ah ! tu me rassures !

— OK, je vais leur envoyer un mail pour les remercier de ce travail superbe et fort utile, et on balance tout ça au panier. Salut, François, et merci pour ta franchise.

— Je t'en prie.

Dans un bureau voisin, le commandant Chappel raccrocha et, après une grande inspiration, il gonfla ses joues pour expirer son dépit.

Je ne peux qu'adhérer aux sentiments des deux gendarmes face à cette étude sans intérêt. Depuis quelques années, les logiciels d'analyse criminelle sont de plus en plus utilisés, tant par les gendarmes que par les policiers.

Certes, ces algorithmes sont capables de recouper des milliers d'informations apparemment sans lien. Cela peut être très utile, par exemple pour faire apparaître des points communs *a priori* indécelables et relier ainsi différents crimes commis par le même tueur en série. Ils ont aussi permis de faire repartir des enquêtes qui étaient enlisées.

Mais, parfois, ces logiciels enfoncent des portes ouvertes, ou bien dessinent des hypothèses totalement incongrues, comme ce fut le cas ici. Alors, qu'on ne s'y trompe pas : l'informatique ne sera jamais qu'une aide parmi d'autres dans le travail des enquêteurs.

Et la machine la plus efficace pour résoudre une affaire criminelle reste, j'en ai la certitude, l'esprit humain.

— Tu reveux du café, chéri ?.... Chéri, tu reveux du café ?

— Mmm... non. Merci, c'est bon.

La femme du commandant Chappel reposa la cafetière et se rassit.

— Papa, ça va ? demanda l'adolescente assise en face de lui.

— Mmm... Oui, oui.

— Pff... ça me soûle ! s'énerva la jeune fille. Je me demande pourquoi on vient passer des week-ends ici pour voir papa alors qu'il nous calcule même pas. La prochaine fois, je resterai à Paris plutôt que de venir m'emmerder à Lorient. Ça craint trop !

— Mathilde, arrête ça et va prendre ta douche, s'il te plaît ! ordonna sa mère.

L'homme fixait son assiette dans laquelle son toast, intact, avait durci depuis plusieurs minutes. Sa femme l'avait déjà vu de nombreuses fois dans cet état. Elle ne lui en voulait donc pas d'être totalement absent à sa vie familiale, même si, intérieurement, elle partageait le sentiment de sa fille : pourquoi venir voir son mari à Lorient alors qu'il était intellectuellement « ailleurs » ?

De longs mois avaient passé depuis la découverte du cadavre dans la rade de Lorient, et je sais très bien ce que ce type ressentait. Il avait face à lui un inconnu retrouvé ligoté dans une valise, son ADN et ses empreintes digitales n'étaient répertoriés nulle part, personne ne le reconnaissait et personne n'avait signalé sa disparition, ni en France ni ailleurs. Qui était ce type ? Qui l'avait mis là ? Et pourquoi ? Mystère total.

J'ai déjà vécu ça : on est complètement obnubilé par l'enquête, on veut savoir ce qu'il s'est passé et on ne comprend rien. Alors on ne pense qu'à ça... Qu'est-ce que j'ai oublié ? Qu'est-ce que je peux tenter de plus ? Et le temps passe. Et les hommes attendent des décisions. Et on ne pense qu'à ça. Ça devient obsessionnel. Et donc on jette plein de toasts tout secs, après les avoir fixés du regard pendant de longues minutes, sans entendre les appels autour de soi.

En plus, vous ne pouvez pas raconter ça à votre famille. Vous imaginez la scène : « Tu sais, ma chérie, le type tout attaché dans la valise, avec son visage gluant et monstrueux, on lui a d'abord coupé les mains pour les envoyer à Cergy. Ensuite, ma fille, on l'a décapité et on a emporté sa tête dans un seau. Et dans son estomac, on n'a trouvé que du café. Apparemment, ce gars est resté plusieurs semaines à se décomposer dans l'eau, la tête en bas… » Non, à part vos amis du boulot, vous ne pouvez partager ce genre d'expérience avec personne.

Chappel se leva d'un bond.

— Y a pas à tortiller : faut tout reprendre de zéro !

— Oui, mon chéri, bien sûr ! À ce soir, mon chéri, bonne journée ! répondit sa femme, imperturbable, en jetant le toast dur à la poubelle, comme elle le faisait tous les week-ends depuis plusieurs semaines.

La porte de l'appartement claqua.

Dès qu'il fut dehors, Chappel prit son téléphone portable et appela la gendarmerie :

— Oui, c'est moi. J'arrive. Rassemblement général.

Huit minutes plus tard, le commandant avait devant lui tous les membres de la cellule Valise 56.

— On reprend tout ! Dites-moi : de quels éléments dispose-t-on dans cette enquête, par ordre d'entrée en scène ?

Tout le monde fut surpris par la question et personne ne broncha. Chappel s'énerva.

— Oh ! Vous dormez ? Qu'est-ce qu'on a sous la main dans cette affaire ?

— Un cadavre, marmonna le Vieux au fond de la pièce.

— Oui, un cadavre, répondit Chappel. Mais quoi d'autre ? Allez !

— Une valise, lança Courgette.

— Des cordages et des poids ! cria le Bleu en levant le menton, tout fier.

— Absolument ! encouragea Chappel. Et encore ?

— Une bâche et du scotch de bricolage ! reprit aussitôt le Bleu, tout content de l'approbation de son chef.

— Des vêtements ! dit l'adjoint du commandant Chappel, un jeune gendarme barbu. Comme il était grand et mince, qu'il avait des lunettes rondes et qu'il s'appelait Olivier Lefort, ses collègues de Lorient l'avaient surnommé « le Phare ».

— Des billets, des pièces, un briquet ! ajouta Courgette.

— Une clé ! conclut le capitaine Beaumont, un petit sourire au coin des lèvres.

Le silence se fit de nouveau. Chappel le rompit rapidement.

— Voilà l'idée : on va se répartir en trois groupes. Le premier se concentrera sur les objets : valise, bâche, vêtements... On examine tout, on analyse tout, on expertise tout : est-ce qu'on peut y trouver des indices intéressants ? Le deuxième groupe va se repencher sur Victor, et la juge d'instruction est OK pour une nouvelle expertise du visage, en 3D cette fois. Et le troisième groupe s'occupera de la clé et uniquement de la clé. C'est pas compliqué : il faut aller interroger TOUS les serruriers du pays dont on a l'adresse pour chercher à qui appartient cette clé. C'est clair pour tout le monde ? Beaumont, je vous laisse constituer les trois groupes. Allez, c'est parti !

Chappel retourna dans son bureau et il souleva le sac de plastique transparent sur lequel une étiquette indiquait : scellé n° 11 – PV 555/11/BSL. À l'intérieur : la clé retrouvée sur Victor. Il l'observa, tournant et retournant le sac comme le ferait un entomologiste devant un insecte inconnu.

Une clé, c'était mince comme fil à tirer pour trouver qui était Victor et qui l'avait buté. Mais heureusement pour les gendarmes, ce n'était pas n'importe quelle clé, pas la clé lambda qu'on peut faire refaire au coin de la rue. C'était une clé de sûreté, de marque Vachette et portant un numéro de série. Il était donc possible – je devrais plutôt dire « pas impossible » – de dénicher la serrure que cette clé ouvrait. Cette serrure était placée sur une porte et, si on localisait cette porte, on entrait chez quelqu'un qui était obligatoirement lié au cadavre retrouvé avec cette clé dans sa poche.

Chappel reposa le sac plastique sur son bureau et prit le courrier posé à côté, à l'en-tête de la société Vachette, groupe Assa Abloy. Après de longues semaines, le fabricant de serrures avait enfin répondu à la réquisition judiciaire. Le commandant relut le courrier pour la énième fois.

Cher Monsieur,

En réponse à votre réquisition (…), nous vous informons que la clé dont vous nous avez fait parvenir les photographies et portant le numéro CDA 3M8PL, correspond à une serrure à trois points pour laquelle aucune demande de reproduction n'a été faite à ce jour.

C'est un modèle produit par nos usines à partir de septembre 2009 et distribué en France uniquement.

Jusqu'à ce jour, 399 serrures correspondant à ce modèle de clé ont été produites. Toutefois, pour la période précise que vous indiquez (entre le début de la fabrication et le mois de juillet 2011), nous pouvons préciser que 159 serrures ont été produites.

Vous trouverez ci-joint la liste des revendeurs concernés, répartis dans 33 départements.

Je vous prie d'agréer, etc.

Le commandant Chappel avait donc décidé que deux gendarmes partiraient sillonner la France en emportant la fameuse clé. Ils devaient rencontrer les 159 serruriers concernés et demander 159 fois : « Avez-vous installé une serrure que cette clé peut ouvrir ? Si oui, chez qui ? »

Toute la brigade savait toutefois que cette méthode avait une limite évidente : si un serrurier avait installé cette fameuse serrure au début de la fabrication annoncée par Vachette – soit deux ans auparavant –, en aurait-il gardé la trace ?

Restaurer un visage en état de décomposition est une opération extrêmement complexe et rarissime. En France, seul l'IRCGN en possède la compétence.

Quand on trouve un crâne totalement dénué de chairs, les experts en anthropologie utilisent la technique de reconstruction faciale. Elle consiste à ajouter sur l'os du tissu épidermique virtuel, ce qui implique de nombreuses approximations. Là, c'était différent : les anthropologues de l'IRCGN bénéficiaient de la vraie chair de la victime. Certes, elle avait été abîmée par quelques semaines d'immersion dans l'eau de mer, mais en la réparant, on était sûr de se rapprocher de la réalité.

Après avoir sorti la tête de Victor de son seau – où elle avait été conservée par congélation –, les experts commencèrent par injecter dans la peau une solution chimique capable de recoudre les chairs décomposées pour effacer les effets de la dégradation. Après avoir restructuré le nez, écrasé par le ruban adhésif, ils ont maquillé le visage pour lui donner un aspect le plus naturel possible. Sans oublier de reproduire l'implantation originelle des cheveux, le dessin des sourcils, le tracé éventuel de la moustache ou de la barbe… Dans ces cas-là, la méticulosité des experts n'a pas de limites. Ainsi, constatant que des plaques de cheveux avaient disparu à l'avant du crâne de Victor, ils ont préféré les remplacer par de vrais cheveux récupérés à l'arrière de sa tête, plutôt que d'utiliser des cheveux artificiels.

Mais l'étape finale, qui redonne vie à l'aspect du visage, consiste à placer dans ses orbites des yeux factices.

Résultat : après plusieurs jours de manipulations magiques, les experts de l'IRCGN purent photographier le visage de Victor aussi vrai que nature.

Dès qu'il reçut le résultat, le commandant Chappel appela la juge d'instruction.

— Bonjour, madame la juge… Oui, tout à fait… Je viens de les recevoir et je vous les ai transmis. Qu'est-ce qu'on fait, maintenant ? On envoie à la presse ou pas ?

— Qu'est-ce que vous en pensez, commandant ?

— Si on fait ça, on sait très bien ce qui va se passer : on va recevoir des centaines de témoignages, avec 90 % de crétins et de malades qui appellent pour dire n'importe quoi, et 10 % de gens qui sont sincères quand ils disent connaître ou avoir croisé l'inconnu recherché. Mais la plupart se trompent, et il faut donc trier tous les témoignages un par un.

— Oui, commandant, je sais bien. J'ai donc deux questions : est-ce que vous pensez que ça vaut le coup d'être tenté ? Et si oui, est-ce que votre équipe est prête à se lancer dans cette mission, assurément longue et fastidieuse ?

— Affirmatif pour les deux questions, madame la juge, bien sûr que nous sommes partants ! L'important, c'est d'avancer !

— OK, j'appelle la presse. Merci, commandant !

Le lendemain, le visage de Victor paraissait dans les journaux.

Aussitôt, les choses se passèrent comme Chappel l'avait prévu. Des dizaines d'appels affluèrent sur le numéro réservé à l'opération, et la plupart étaient des balivernes. Comme ce type qui appela en affirmant que l'inconnu était certainement un agent israélien qui avait bien mérité son sort. Huit voyants et autres médiums proposèrent leurs services, parmi lesquels un frappadingue qui assura aux gendarmes pouvoir entrer en communication avec l'âme de l'inconnu. Une femme, visiblement éméchée, signala qu'elle ignorait qui était Victor, mais qu'elle ne retrouvait plus sa grosse valise noire depuis quelque temps.

— Mais même si c'est pas vraiment la mienne, j'peux p't-être passer pour récupérer celle-là, nan ? D'toute façon, elle vous sert plus à rien, nan ?

— Non, madame. Cette valise a été placée sous scellé judiciaire. Il est impossible de vous la donner, je suis désolé.

— Putain, j'appelle pour vous aider et vous, vous vous en foutez ! Z'êtes vraiment une bande de gros nazes !

Malgré tout, plusieurs appels méritèrent des vérifications…

Un policier affirma qu'il avait reconnu Victor. Il l'avait croisé plusieurs fois, au début de l'année, dans un club gay de Nantes. Après quelques recherches, il s'avéra que c'était une fausse piste, mais le fait qu'un confrère de la maison Poulaga affiche ainsi son homosexualité suscita beaucoup de débats chez les gendarmes. Une femme reconnut l'inconnu comme étant son mari, disparu depuis quelques jours après une bagarre avec son beau-frère à Dol-de-Bretagne. On retrouva le mari, non pas dans *la* rade mais dans *un* rade du port, et il n'était pas bourré de coups, mais de gnôle.

La piste la plus intéressante fut fournie par une autre femme qui raconta avoir surpris une discussion entre deux hommes alors qu'elle se trouvait sur un quai de Locmiquélic, en face de Lorient. L'un d'eux avait demandé : « Tu l'as bien lesté ? », ce à quoi l'autre avait répondu : « Oui, j'ai été sonder avec un bateau : c'est profond. On ne risque pas de le retrouver ! » Renseignements pris auprès des collègues du commissariat local, la femme en question était connue pour avoir déposé quatorze plaintes au cours des trois mois précédents : pour tapage nocturne, enlèvement, viol, aboiements de chiens, harcèlement, dépôt d'ordures sur son trottoir. Interrogé, son psychiatre confirma à demi-mot que la femme n'était pas exempte d'une certaine propension à la mythomanie.

Bref, après moult investigations, aucun de ces témoignages ne permit de déboucher sur une piste concrète. Une fois de plus, l'enquête se retrouvait au point mort et les toasts du commandant Chappel étaient plus secs que jamais.

À la gendarmerie maritime de Lorient, les enquêteurs de la cellule Valise 56 faisaient le point autour de leur directeur d'enquête et d'un café. Chappel commença par le « groupe objets ».

— Camille, pour les empreintes digitales, ça donne quoi ?

— Au total, trente-trois empreintes digitales ont été relevées, répondit Courgette. Mais aucune ne matche dans le FAED. Et les cheveux retrouvés dans la valise appartiennent tous à Victor.

— Et pour la bâche, les cordages, les haltères ?

— Pas d'ADN sur la bâche, pas d'ADN dans la valise sauf celui de Victor, de vagues traces sur le scotch… mais totalement inexploitables. Rien non plus du côté des nœuds sur les cordages autour de la valise : l'expert en nœuds (sourires dans l'assistance) affirme qu'ils « ne résultent pas d'une démarche empirique de matelotage ». Autrement dit, ce ne sont pas des nœuds marins particuliers : n'importe qui a pu les faire. Ah ! on a aussi trouvé une tache de café sur le débardeur de Victor, mais ça n'a rien donné non plus. Donc soit le meurtrier avait des gants, soit c'est le séjour dans l'eau de mer qui a tout effacé. Les gars de l'IRCGN penchent à fond pour la seconde explication. On a aussi fait du porte-à-porte et interrogé une centaine de personnes qui ont fait chez elles des travaux nécessitant ce genre de bâche ou de scotch. On leur a montré la photo de Victor, on leur a demandé si elles possédaient du cordage de pêche, une clé Vachette ou des haltères Décathlon. Rien de positif.

Le Vieux enchaîna avec son ton bourru habituel :

— On a interrogé tous les fabricants et les revendeurs de cordages de la région, les patrons de pêche, les ostréiculteurs, et même des marins pêcheurs à la retraite… merci du cadeau ! D'autant qu'ils sont tous d'accord : cette ralingue synthétique bicolore est ultra banale chez les professionnels, comme chez les plaisanciers. C'est pas en tirant sur cette corde qu'on va remonter un indice ! J'ai aussi contacté les ports de Lorient – plaisance et commerce – pour récupérer les vidéos des caméras de surveillance. Génial ! Des heures à mater des bateaux qui bougent pas ! À côté, Bergman, c'est du comique troupier ! Le plus spectaculaire que j'aie vu, c'est quand un gamin a fait tomber son cornet de glace par terre ! Bref, y a rien à en tirer. Et il n'y a pas de caméras dans les patelins alentour : Gâvres, Port-Louis et Larmor-Plage.

Le commandant Chappel, la mine dépitée, se tourna vers le Phare.

— Et chez les biologistes, Olivier ?

— Ils ont étudié les grains de sable, les bactéries et les microbestioles retrouvés dans la valise pour voir si ça pouvait donner des infos sur son déplacement. S'ils avaient déniché des trucs typiques des Antilles ou de l'Afrique de l'Ouest, genre petits insectes ou microcoquillages, ça aurait été fort instructif. Mais je vous lis leurs conclusions : « Des organismes benthiques ont été découverts sur la valise, leur présence ainsi que le niveau de colonisation indique que celle-ci a séjourné environ un mois sur le sédiment. Les deux organismes sont deux femelles de deux espèces différentes d'amphipodes benthiques : *Gammaropsis maculata* et *Ampithoe Ramondi.* »

— Traduction ? interrogea Chappel.

— Tout provient de la baie de Lorient : la valise n'a pas voyagé. On a aussi interrogé Météo France. Leurs ingénieurs ont fait une simulation pour essayer de savoir d'où venait la valise en fonction de l'endroit où elle a été retrouvée, de son poids et des vents et courants dans les jours précédant sa découverte. Ils appellent ça une « prévision de dérive à rebours ». C'est très compliqué !

— Et alors ?

— Selon eux, le scénario le plus probable est celui où la valise est restée au fond de l'eau près de la côte entre Larmor-Plage et Lorient, avant de remonter à la surface quelques jours avant sa découverte. Mais on ne peut exclure qu'elle vienne du large.

— Autrement dit, on n'a rien, résuma le commandant. Et du côté du « groupe clé », ça donne quoi ?

— Le capitaine et le Bleu continuent leur tour de France pour interroger les serruriers répertoriés par Vachette. Et ça prend du temps ! Pour l'instant, ils ont fait une trentaine de serruriers, soit le cinquième de la liste… et toujours aucun retour positif.

— OK. Si je comprends bien, il ne nous reste plus que cette clé pour espérer trouver qui est Victor. Eh bien, on n'a pas le choix : attendons.

Alors que les gendarmes se séparaient en faisant triste mine, le Vieux lança :

— Sainte Vachette, priez pour nous !

Tout le monde éclata d'un grand rire salutaire.

Plutôt que de vous raconter la scène suivante, j'ai pensé que la retranscription exacte du procès-verbal officiel serait éloquente, car il permet très bien, selon moi, de confronter un acte lourd de sens et sa froide narration administrative.

Le mercredi 19 octobre 2011 à 14 heures 45 minutes, nous soussigné Adjudant Maurice Granbay, Officier de Police Judiciaire, enquêteur à la Section de Recherches de la gendarmerie maritime, Brigade de Lorient (56),

Vu les articles 16 à 19 et 151 à 155 du Code de Procédure Pénale,

Vu l'article R 15-22, 7° du Code de Procédure Pénale, s'agissant d'une unité à compétence nationale,

Nous trouvant dans les locaux de la morgue du centre hospitalier de Bretagne Sud à Lorient (56), rapportons les opérations suivantes :

Délégation n° : 201/AB45 du 21/07/2011 et du 03/10/2011

RADIEVIC Aurélie, Juge d'Instruction à LORIENT

Information ouverte contre :... X...

Pour : Arrestation, Enlèvement, Séquestration ou détention arbitraire suivie de mort, Assassinat.

Mission : Voir commission rogatoire jointe.

Ce jour, à 10 h 30, nous nous présentons à la morgue du CHBS de Lorient. Nous assistons aux actes de mise en bière de notre victime, assurés par le service des pompes funèbres de Lorient requis à cet effet.

Le corps placé dans une housse mortuaire (scellé n° 06/TIC du PV 682/2011), la tête (scellé n° 01/TIC/TETE du PV 682/2011), les mains (scellé n° 01/TIC du PV 555/2011), les prélèvements anatomopathologiques (scellés n° 03/TIC, 06/TIC, 08/TIC et 09/TIC du PV 555/2011) du CHU Morvan à Brest (29) et les ossements (scellés n° 01/TIC à 04/TIC du PV 590/2011), acheminés depuis le CHRU La Peyronie de Montpellier (34), sont regroupés dans un cercueil sur lequel nous apposons un scellé numéroté : « X/GAVRES », que nous paraphons.

Nous quittons le CHBS à l'issue de ces opérations et nous rendons au cimetière de la commune de Gâvres (56).

Nous arrivons sur place à 11 h 30.

Conformément au contact téléphonique passé avec la commune de Gâvres, Monsieur le Maire a pris les mesures nécessaires pour réserver un emplacement à la disposition de la justice afin d'y déposer, ce jour, le cercueil identifié sous « X/ GAVRES », et être en mesure de le présenter à toute réquisition. Une copie du permis d'inhumer a été remise à la mairie de Gâvres (56).

M. DELUC, marbrier à Lanester (56), qui gère les caveaux du lieu, est présent. Ce dernier nous désigne le lieu où va être inhumée notre victime, enregistrée sous « X ». Le cercueil est déposé dans la parcelle identifiée sous le numéro de concession « F-95-XII ».

Nous joignons au présent un plan de la commune de Gâvres (56) sur lequel nous localisons le cimetière.

À Lorient (56), le mercredi 19 octobre 2011 à 15 heures.

L'officier de police judiciaire (signature).

C'est ainsi que l'inconnu de la valise fut enterré dans un petit cimetière du Morbihan, par un après-midi d'automne au soleil froid.

Dans le cercueil de bois clair avaient été réunis son corps, enfermé dans une bâche de plastique blanc, cinq seaux dont un, plus gros, contenait sa tête et un autre ses mains, un vase de verre rouge rempli de viscères et quatre petits sachets en plastique renfermant des liquides corporels.

Sur la fiche, scellée à la cire sur le cercueil, le gendarme avait écrit les informations suivantes :

Nature de l'objet :
Corps de la victime découvert le 13 juillet 2011
dans une valise, à la pointe de Gâvres (56).
PV n° 555/2011.
Lieu de découverte :
En mer, à la position 47° 41 nord/03° 22 ouest.

— Vous viendrez bien boire un canon ou deux pour s'réchauffer ? lança le marbrier au Vieux avec un clin d'œil complice, après avoir fermé la tombe d'une dalle de marbre gris foncé.

— Pff… J'ai rien contre le 9-3, mon capitaine, mais il manque quand même la mer et les bateaux ! soupira le Bleu.

Cela faisait des mois que le jeune gendarme et le capitaine Beaumont sillonnaient la France, interrogeant systématiquement tous les serruriers répertoriés par la société Vachette. Chaque fois, en montrant la « clé de Victor » dans son sac de scellé transparent, la question était la même : « Avez-vous vu passer une serrure correspondant à ce modèle et portant ce numéro ? »

Le 15 novembre 2012, soit près d'un an et demi après la découverte du corps de l'inconnu dans la valise, ils avaient ainsi interrogé soixante-huit serruriers, sans résultat. Ce jour-là vers 15 heures, les deux gendarmes marchaient dans une longue rue étroite du

Pré-Saint-Gervais, en Seine-Saint-Denis, à la recherche du soixante-neuvième serrurier de la liste.

— Je suis d'accord avec vous, Loïc, répondit le capitaine Beaumont. Mais reconnaissez que ce n'est pas pire que quand nous étions au fin fond de la Moselle, vous vous souvenez ?

— Ah oui ! Comment c'était, déjà ? Trondheim ? Tordheim ? J'sais plus... Trou-dheim, on pourrait dire. C'était carrément une ville fantôme ! Ici, c'est les Bahamas, à côté ! Mais bon, rien ne vaudra la serrurerie du Vieux-Nice, vous vous souvenez, en face du super-glacier qui fait des glaces à la lavande ?

— Oh que oui, je m'en souviens ! Vous ne vous attendiez pas à tout ça quand vous êtes entré dans la gendarmerie, n'est-ce pas, Loïc ?

— Ça c'est sûr, mon capitaine ! J'imaginais pas qu'un jour je traverserais la France avec une clé retrouvée sur le cadavre d'un inconnu découvert dans une valise flottant en mer !

— Tenez, c'est là !

Ils traversèrent la rue et poussèrent la porte de la serrurerie.

— Bonjour, monsieur. Capitaine Beaumont, gendarmerie nationale, nous procédons à une enquête. Vous êtes bien monsieur Thislos ?

— Euh... oui. De quoi s'agit-il ?

Beaumont arbora la clé dans son sac transparent et récita son texte comme une litanie.

— Euh… attendez, faut que j'voie dans mes archives, répondit le vieux serrurier, surpris. Refaites voir votre clé !?

L'homme prit un gros classeur, chaussa une paire de lunettes et tourna les feuilles une par une, pivotant sans cesse la tête de droite à gauche pour comparer le numéro inscrit sur la clé à ceux des factures. Soudain, il s'arrêta, le temps de trois allers-retours de tête sur la même page, et la pointa de l'index.

— Regardez, oui, ça correspond ! Je m'en souviens : c'était il y a une quinzaine de jours ! Je suis allé démonter la serrure d'un appartement à Paris, dans le VIIIe, où il y avait eu un dégât des eaux. Le locataire n'était pas revenu depuis longtemps et, pour entrer dans l'appartement, le propriétaire m'a demandé de démonter la serrure et de la remplacer. Je l'ai là, cette serrure !…

Il se tourna vers un vieux meuble en bois et ouvrit un tiroir d'où il sortit une serrure de métal mordoré.

— Tenez, la voilà !

Les deux gendarmes se regardèrent, fébriles. Le capitaine Beaumont saisit la serrure et sortit la clé de son sac plastique. Il la fit entrer dans la serrure et la tourna dans un sens… *clic* ! puis dans l'autre… *clac* ! La clé fonctionnait !

Vous n'imaginez pas ce qu'on ressent en pareil cas ! C'est littéralement physique et ça peut même s'accompagner de chair de poule ou de frissons. Je pense que les gens qui assistent à des apparitions miraculeuses doivent ressentir le même genre de sensation... une sorte d'extase. La lumière s'allume soudain dans les ténèbres.

Les enquêteurs tenaient enfin une piste concrète. Ils avaient tiré le mince fil de leur seul indice et ce fil avait tenu, les amenant jusqu'à cette petite serrurerie de Seine-Saint-Denis. Reconnaissez que c'est dingue : cela faisait seize mois que les gendarmes cherchaient à identifier l'inconnu de la valise et, à quinze jours près, ils auraient pu passer à côté de leur seule piste sérieuse ! Car suivez-moi bien : si le serrurier avait changé la serrure des mois plus tôt, il l'aurait sûrement oubliée, voire bazardée. Et jamais la correspondance avec la « clé de Victor » n'aurait pu être établie. C'est une des leçons de cette histoire : pour toucher au but, les enquêteurs ont souvent besoin de 99 % de persévérance et de 1 % de chance. L'une sans l'autre ne donne souvent rien.

— Vous pouvez me donner l'adresse de l'appartement où vous avez enlevé cette serrure, s'il vous plaît ? demanda Beaumont en essayant de cacher sa fébrilité.

— Oui, bien sûr : la voilà.

Dans les heures qui suivirent, tout alla très vite… Les enquêteurs contactèrent le syndic de l'immeuble, obtinrent les coordonnées du propriétaire de l'appartement, se rendirent chez ce propriétaire et lui demandèrent de leur présenter le dossier de location. Car un tel dossier contient obligatoirement la photocopie d'une pièce d'identité du locataire.

Le capitaine Beaumont prit le document et écarquilla les yeux, stupéfait. Le Bleu, qui observait par-dessus l'épaule de son supérieur, lâcha :

— Capitaine, c'est Victor !

Les deux hommes avaient devant eux une photo ressemblant trait pour trait à l'inconnu de la valise qu'ils cherchaient depuis près d'un an et demi.

Sur sa carte d'identité, à côté de sa photo, étaient inscrits un prénom et un nom : Farid Ouzzane.

J'imagine l'état d'excitation des enquêteurs quand ils entrèrent dans l'appartement de Farid Ouzzane pour une perquisition en bonne et due forme.

Une fois de plus, la brigade de gendarmerie maritime n'avait pas fait les choses à moitié. Le capitaine Beaumont et le jeune Loïc Perben étaient accompagnés, excusez du peu, de huit techniciens de l'IRCGN : trois hommes du département des empreintes digitales, deux autres du département « biologie » pour la recherche des traces ADN, deux hommes du département « microanalyse » pour la recherche des éléments pileux et des fibres, et une experte du département « signal-image-parole » pour réaliser un scan laser 3D de l'ensemble de l'appartement – en l'occurrence un simple studio !

Premier constat : le courrier, glissé sous la porte, était visiblement entassé là depuis des mois. Pas moins de cinquante et une lettres et brochures publicitaires furent ainsi récupérées.

Immédiatement, les TIC se rendirent dans la salle de bains pour y saisir une brosse à dents, aussitôt mise sous scellé et envoyée en laboratoire. Plus tard, l'ADN extrait de la brosse à dents se révéla être le même que celui qui avait été isolé dans le sang de l'inconnu de la valise : Victor était bien Farid Ouzzane.

Les experts passèrent ensuite l'appartement au peigne fin. Ils mirent sous scellés des poils, des vêtements, des produits cosmétiques, des paperasses… et envoyèrent le tout dans les labos idoines.

Pour les gendarmes, la véritable enquête pour homicide pouvait enfin commencer car, dans une affaire de meurtre, c'est le plus souvent la victime qui mène l'enquêteur jusqu'au coupable.

Première étape : l'enquête de voisinage, qui consiste à questionner l'entourage du domicile de la victime pour en apprendre le maximum sur elle. En interrogeant ses voisins, les gendarmes accumulèrent des témoignages divers, à commencer par celui de la gardienne. Les « bignoles », comme on surnommait autrefois les concierges d'immeuble, sont aujourd'hui remplacées par des digicodes et c'est bien dommage pour les flics. Parce que, avec elles, on en apprenait beaucoup plus qu'avec un clavier métallique à touches…

— Oui, je vois très bien ! Un Arménien, non ? Il n'habite ici que quelques semaines par an. Le reste du temps, il vit au Maroc, à Agadir, je crois. Mais ça fait longtemps qu'il est pas venu… depuis… je dirais juin ou juillet de l'an dernier. Mais y a une femme qui vient régulièrement. C'est sa petite amie, je crois. Une fille très… vulgaire, je dirais. Il s'est passé quelque chose ?

Ensuite, étage après étage et porte après porte, les témoignages des voisins de Farid Ouzzane se succédèrent…

— Ah oui, son amie, là ! Oh, c'est le genre bling-bling ! Une jeune Méditerranéenne assez jolie, mais habillée très court et très moulant, avec un tatouage en bas du dos et puis toujours très parfumée… Le genre prost… euh… très voyante, vous voyez ?

— Ah bah, le monsieur du quatrième, le Maghrébin, je le trouve bien mystérieux ! Des jours, il est très poli, même trop, pour moi ! Et puis d'autres jours, il est, comment dire… glaçant ! Oui, c'est ça : glaçant ! Pour moi, il est trop poli pour être honnête !

— J'ai discuté avec lui, un jour où il était très aimable. Il m'a raconté qu'il était arménien et catholique, qu'il travaillait dans les casinos et qu'il organisait des combats de boxe thaï. Mais j'en sais pas plus…

— Moi, je l'ai souvent vu sortir en pantalon de jogging et en tongs ! Dans ce quartier ! C'est quand même étrange, vous ne trouvez pas ?

— Je vais vous dire, monsieur le gendarme… vous permettez que je vous appelle monsieur le gendarme ? Eh bien, ce monsieur originaire d'Afrique du Nord, c'est quelqu'un qui voudrait passer pour Monsieur-tout-le-monde, mais qui n'est *pas* Monsieur-tout-le-monde ! Vous voyez c'que j'veux dire ?

— Je l'ai entendu plusieurs fois se disputer avec une femme. Ça gueulait fort, surtout elle ! Et à chaque fois, c'est lui qui semblait le plus affecté des deux. Il avait toujours l'air de s'écraser devant elle…

— Lui, il m'a dit qu'il travaillait dans le IXe arrondissement, mais j'ai jamais su ce qu'il fait exactement… Ne me dites pas que c'est un tueur en série, quelle horreur !

Après quelques recherches, les gendarmes découvrirent que Farid Ouzzane était déclaré comme agent d'entretien dans un salon de massage du IXe arrondissement, dans le quartier de Pigalle.

Mais quand on dit « salon de massage à Pigalle », ça sonne bizarre, vous ne trouvez pas ?

La BRP – brigade de répression du proxénétisme – est l'héritière de la célèbre « brigade mondaine » des années 1950-1960. Mais tenez-vous bien : c'est Philippe Auguste, au XIIe siècle, qui eut, le premier, l'idée de créer une milice chargée de surveiller les filles de joie de Paris ! En tant que véritable service de police, la BRP trouve ses racines en 1747, sous Louis XV, avec la création du « bureau de la discipline des mœurs ». À cette époque, c'est surtout un service de renseignement : ses membres interrogent régulièrement les tapins et les taulières de bordel pour obtenir des informations compromettantes sur des clients influents, permettant ainsi au pouvoir de faire pression sur eux. Ils ont aussi le droit d'interpeller les religieux libertins…

Plus tard, sous le Directoire, la « brigade des mœurs » a la responsabilité d'encarter les prostituées et de vérifier qu'elles passent bien leurs visites médicales obligatoires. Mais dans ce domaine, la frontière entre flics et voyous est toujours poreuse et, très vite, cette brigade se révèle totalement pourrie et incontrôlable. Ses membres, souvent corrompus, tabassent les filles, arrêtent des honnêtes femmes en les accusant de faire le tapin... Résultat : la brigade est dissoute en 1881.

Elle renaît de ses cendres en 1901 pour faire de nouveau du renseignement puis, quelques années plus tard, on lui confie également la répression du trafic de stupéfiants, souvent lié à la prostitution. Ses agents surveillent les maisons closes autorisées, luttent contre les lupanars clandestins, punissent les publications jugées obscènes et font la chasse aux pédérastes (au sens historique du terme : homosexuels pédophiles).

En 1946, quand la loi Marthe-Richard ferme les maisons closes (ce faux pléonasme m'a toujours fait marrer !), le service est chargé de lutter contre les « clandés » : les bordels devenus clandestins. Entretemps, il a été renommé « brigade mondaine », probablement parce qu'il surveille aussi les réseaux mondains qui fréquentent les « maisons de tolérance » : hommes d'affaires, politiques, religieux, journalistes, artistes... Les flics de la Mondaine rédigent ainsi de nombreuses notes sur les pratiques sexuelles de telle ou telle célébrité (ces rapports sont surnommés « blancs » et certains, croyez-moi, sont très cocasses !). Non seulement ça permet de faire pression sur certaines personnalités, mais ça évite aussi les scandales susceptibles d'en éclabousser d'autres.

En 1975, en pleine période hippie, le ministre de l'Intérieur, Michel Poniatowski, rebaptise la Mondaine « brigade des stupéfiants et du proxénétisme », histoire de bien signifier l'ordre de ses priorités. En 1989, avec l'énorme développement du trafic de drogue, le service est scindé en deux : d'un côté la brigade des stupéfiants (*alias* « les Stups »), de l'autre la brigade de répression du proxénétisme. Et, pour la première fois, c'est une femme qui est nommée à la tête de la BRP : la commissaire Martine Monteil.

Aujourd'hui, la BRP compte une cinquantaine d'agents qui doivent s'adapter à l'évolution du proxénétisme à Paris. D'une part, près de neuf prostituées sur dix sont d'origine étrangère, essentiellement nigériane, roumaine et chinoise. La loi les considère toujours comme des victimes, car les vrais coupables sont les proxénètes qui, contrairement aux idées reçues, sont des femmes dans 80 % des cas. D'autre part, il s'agit de lutter contre les nouvelles formes de prostitution, et notamment sur Internet où les réseaux sont beaucoup plus difficiles à démanteler. Mais ce n'est pas parce que les péripatéticiennes s'appellent désormais « *escort-girls* » que ça change quelque chose à leur activité… et à leur calvaire.

Chaque année, la BRP annonce avoir neutralisé une cinquantaine de réseaux. Mais elle est également chargée de l'« accompagnement » des patrons d'établissements de nuit : bars, boîtes et autres cercles de jeu. Sa mission officielle consiste à « éviter qu'ils ne soient rackettés ou que la prostitution ne s'y développe ». C'est le rôle du groupe « cabarets » de la BRP, qui surveille pas moins de cinq cents établissements de nuit parisiens.

Cabarets ou proxénètes, la BRP fait partie de ces services de police – comme les Stups, d'ailleurs – qui fonctionnent souvent grâce au donnant-donnant, l'échange de bons services : si tu me donnes ça, je te laisse faire ça. Doit-on reprocher à un flic qui surveille la vie nocturne parisienne d'être reçu à bras ouverts (« Mon ami ! Tu prendras bien une p'tite coupette ! Allez, ça m'fait plaisir ! ») dans toutes les boîtes de Paname ? Je laisse chacun se faire sa propre opinion sur ce sujet. Pour moi, tout dépend de ce que l'on donne à « ceux d'en face ». Et aussi de ce que l'on reçoit…

— Allô ? Je suis bien à la BRP ? Inspecteur Gerfaud ? Bonjour, inspecteur, commandant Chappel à l'appareil, de la gendarmerie maritime. On a dû vous prévenir de mon appel… Oui, nous enquêtons sur un certain Farid Ouzzane et on m'a dit que vous pourriez me renseigner à son sujet.

— Bien sûr, volontiers, commandant ! Il paraît qu'il s'est fait descendre, c'est ça ? Et qu'on l'a retrouvé en train de flotter du côté de chez vous ?

— Oui. Nous savons qu'il travaillait comme employé dans un salon de Pigalle, le *César Bien-Être* et il est très probable que cet endroit dissimule une activité de prostitution. Vous pouvez m'en dire plus ?

— Ah ben ! Je le connaissais bien, Ouzzane. D'abord, il était déclaré comme employé, mais c'était lui le gérant de cet endroit qui, comme vous l'avez deviné, est une boîte à putes. Ensuite, je le connaissais d'autant mieux, Farid, que c'était un de mes tontons !

— Quoi ?

Le commandant Chappel était stupéfait : Victor était non seulement patron de bordel, mais aussi indic de la BRP ! L'inspecteur Gerfaud reprit :

— Oui, et même un des plus efficaces ! Il me tuyautait depuis 2009 et il m'a même ramené de belles affaires. Il jouait notamment le faux client dans d'autres boîtes de Pigalle. Et du coup, vous savez comment ça marche : en échange, on le laissait tranquille avec son salon à lui. Il était tellement coopératif que, de temps en temps, on lui remettait même une petite enveloppe en remerciement de ses bons et loyaux services !

— Et quand vous me parlez de « belles affaires » qu'il vous a permis de conclure, vous pensez à quoi, par exemple ?

— Ben, en quelques années, il nous a aidés à faire fermer une bonne demi-douzaine de bars à filles, avec même aussi un trafic de coke, une fois. Mais surtout, c'est grâce à lui qu'on a réussi à serrer Bottey.

— Botté ?

— Bottey, Henri Bottey : c'était l'un des grands parrains du proxénétisme à Paris. Des années qu'on lui courait derrière. Et c'est grâce aux infos d'Ouzzane qu'on l'a chopé.

— Et il est devenu quoi, ce Bottey ?

— Parti au trou. Il a pris j'sais plus combien… et il est ressorti il y a… deux ans, j'dirais… Non, moins. Attendez… si. Il est sorti en juin 2011 !

— En juin 2011 ? Autrement dit, très peu de temps avant le meurtre d'Ouzzane ! Eh bien, c'est ce qu'on appelle un joli mobile, non ? Une figure du milieu de la prostitution parisienne tombe à cause d'un indic de la BRP et, quand le caïd sort de prison, peu de temps après, l'indic est assassiné ! Cherchez le lien…

— Naaan ! C'est pas Bottey ! Ça tient pas, votre histoire !

— Pourquoi vous dites ça ?

— On les connaît, nos proxos ! Les trucs importants, on est toujours au courant, croyez-moi ! Donc si Ouzzane avait été menacé d'une manière ou d'une autre, on l'aurait su ! Sérieux, j'ai jamais entendu parler d'un contrat sur Ouzzane… ni de Bottey ni de personne d'autre ! En plus, le nom d'Ouzzane n'apparaissait nulle part dans le dossier Bottey : personne ne pouvait savoir d'où venaient nos infos ! Non, c'est impossible ! Ici, on n'est pas aux Stups, où ça défouraille pour un oui ou pour un non ! Et puis même, quand les julots s'entre-tuent, exceptionnellement, ils font pas comme ça, avec votre histoire de valise dans l'océan, les cordes autour, les poids et tout le toutim ! Vous imaginez bien que, pour faire disparaître un corps, ils vont pas s'emmerder à emmener tout ce bastringue en Bretagne ! Au contraire, si Bottey avait fait descendre Ouzzane, il l'aurait fait savoir dans tout Pigalle pour terroriser les futurs candidats à la balance ! Non, je suis désolé, commandant, mais vous pouvez oublier la piste du règlement de comptes entre proxos ! Croyez-moi : perdez pas votre temps avec ça et cherchez ailleurs. Pour moi, Ouzzane a été tué chez vous, là-bas, c'est clair ! Qui va prendre le risque de faire cinq cents bornes avec un cadavre sur les bras ?

— Et le salon, il tourne toujours ?

— Oui, quand Ouzzane était pas là, il confiait la boutique à une Reubeu : Sabrina L. Rien à dire de particulier sur elle... c'est une pute, quoi ! Je sais qu'Ouzzane avait parfois le sentiment de se faire enfler, que Sabrina ne lui déclarait pas toutes les passes du salon, mais sinon rien de spécial. Il y avait aussi une autre fille qui bossait là-bas, à l'époque, une petite Bretonne. J'ai jamais su son nom et on l'a plus vue depuis un bout de temps.

— Cette Sabrina, elle savait qu'Ouzzane bossait pour vous ?

— Non, au contraire : il lui avait raconté qu'il m'arrosait pour que je le laisse faire son business. Donc elle a toujours pensé que j'étais un flic ripou. Le monde à l'envers, quoi !

— Et la dernière fois que vous avez eu un contact avec lui, c'était quand ?

— Vers mi-juin 2011, j'dirais. Il était au Maroc : il avait une villa à Agadir où il allait assez souvent. Il m'a appelé parce que Sabrina lui avait dit que des flics venaient de faire une descente au salon en secouant un peu les filles. Il m'a demandé si c'était nous et je lui ai affirmé que non. Quel intérêt pour nous de faire ça ? J'ai quand même vérifié auprès des autres services et personne de la maison Poulaga n'était intervenu au *César*. Il m'a dit qu'il allait rentrer pour vérifier ça. Mais je ne l'ai pas revu et, après ça, j'ai plus eu de nouvelles de lui. Je suis repassé quelquefois au salon, et Sabrina m'a dit qu'elle n'avait plus de nouvelles non plus et qu'il était sûrement resté au Maroc.

— Ça ne vous a pas inquiété de ne plus avoir de ses nouvelles pendant si longtemps ?

— Bah non ! Vous savez, les tontons, c'est pas le genre à envoyer des cartes postales pour dire : « Coucou les amis, je vais bien ! » Y en a souvent qui filent à l'anglaise pour se mettre au vert...

— Une dernière question : quand vous avez reçu notre circulaire de recherche, l'an dernier, vous n'avez pas reconnu le visage d'Ouzzane ?

— Votre... ? Ah, merde ! Désolé, on a dû passer à côté ! Vous savez, on reçoit tellement de trucs ! Bon, ben, je crois que je vous ai tout dit. N'hésitez pas à me rappeler si besoin, et si j'entends parler de quelque chose, je vous tiendrai au courant, bien sûr ! Mais une fois de plus : cherchez pas du côté du règlement de comptes ! Vous perdriez votre temps ! Allez, bonne chance, commandant !

Après avoir raccroché, le commandant Chappel était à la fois déçu et embarrassé. Déçu, parce qu'il avait vraiment pensé, un instant, tenir une piste sérieuse. Embarrassé, parce qu'il lui fallait poursuivre l'enquête en cherchant ailleurs. Mais où ?

Il fut interrompu dans ses pensées quand on frappa à la porte de son bureau.

— Oui… entrez !

Courgette entra, visiblement agitée.

— Commandant ! J'ai trouvé un truc bizarre, lança-t-elle.

— Oui, Camille ?

— Ben, vous m'avez demandé d'éplucher les comptes bancaires de Vict… d'Ouzzane. Eh ben, c'est bizarre, parce que, depuis qu'il est mort, il continue de payer son loyer et ses factures !

— Oui, par prélèvement automatique, c'est normal.

— Non, par chèque. Et des chèques qu'il a lui-même signés ! Et il a aussi écrit récemment des lettres à son propriétaire.

En novembre 2012, les gendarmes avaient identifié leur victime et c'est elle qui devait les conduire à son tueur. Leur priorité était donc de se pencher sur la vie de ce Farid Ouzzane, en examinant tout dans le moindre détail. Leurs investigations durèrent des mois et, quand on veut *tout* savoir sur un individu, je dois reconnaître que les flics ont aujourd'hui une alliée super efficace : l'informatique.

À coups de réquisitions tous azimuts, les gendarmes purent ainsi éplucher les revenus d'Ouzzane, ses achats, ses loyers, ses abonnements, ses impôts, ses voitures, ses retraits, ses amendes, son dossier médical complet, ses réservations d'avion et de train, ses biens détenus en France et à l'étranger… et même son historique de service militaire. Tous ses proches furent également identifiés et inspectés : frères et sœurs, amis... Qui sont-ils ? Ont-ils un passé judiciaire ? Où habitent-ils ? avec qui ? Possèdent-ils une voiture ? de quelle marque ? Comment gagnent-ils leur vie ? Qui fréquentent-ils ? À qui téléphonent-ils ?...

Les enquêteurs réinterrogèrent tous les voisins d'Ouzzane. Ils auditionnèrent aussi tous les salariés des entreprises implantées dans son immeuble (une agence de voyages et une société d'informatique), ainsi que tous les employés des commerces alentour. Tous les gens qui apparaissaient dans l'historique de ses appels télephoniques furent identifiés et leur profil examiné. Parfois, les gendarmes tombèrent sur d'autres Farid Ouzzane, des homonymes qui les orientèrent sur des fausses pistes. Au final, les informations récoltées leur apprirent tout sur le proxénète.

Farid Ouzzane était né à Créteil et il avait 55 ans au moment de sa mort. Il avait quitté sa famille très jeune et n'avait plus avec elle que des relations épisodiques – voire conflictuelles –, notamment depuis la mort de son père en 2009.

L'audition de tous ses médecins révéla qu'il avait un taux de cholestérol trop élevé, qu'il prenait beaucoup de Lexomil et qu'il était parfois sujet à des crises de psoriasis. Il s'était fait dévitaliser la dent 25, mais ça, on s'en fout.

Son salon de massage marchait très bien et lui rapportait près de 100 000 euros par mois. Les enquêteurs découvrirent ainsi que le proxénète avait un compte planqué au Maroc et un autre en Suisse, qui affichaient un crédit total de quatre millions d'euros ! Il possédait même des chevaux à Vincennes – très pratique pour blanchir du pognon mal acquis – et il fréquentait les cercles de jeu parisiens.

Ouzzane était donc officiellement déclaré comme employé du salon à temps partiel, il touchait ainsi 150 euros par mois plus le RSA, mais sous ses dehors anodins du genre « je-me-balade-en-survêt-et-en-tongs », le type était en réalité plein aux as. Un mobile en or pour un homicide ?

Les enquêteurs se renseignèrent, bien sûr, sur la société *César Bien-Être*, nom officiel du salon de massage de Pigalle. Il s'avéra que, hormis Ouzzane, trois autres personnes avaient été déclarées comme salariées au cours des dernières années : Sabrina L. (une jeune femme de 27 ans, née aux Mureaux de parents algériens, autrement dit la gérante dont avait parlé l'inspecteur de la BRP), une Nigériane employée depuis quelques mois, ainsi qu'une Française : Nolwenn B., née au Guilvinec en 1987 et salariée du salon jusqu'en septembre 2011. En toute logique, les gendarmes en déduisirent qu'il s'agissait de la petite Bretonne également évoquée par l'inspecteur de la BRP.

Bref, les infos s'accumulaient au fil des mois. Et pendant ce temps, les gendarmes se relayaient pour surveiller le salon… en civil, bien sûr.

César Bien-Être ressemblait à tous ces établissements où, derrière une devanture faussement sobre et des rideaux tirés, les clients paient des jeunes femmes qui leur donnent du plaisir autrement qu'en leur massant le dos.

On me demande souvent pourquoi la police ne fait pas fermer ces salons de massage, alors qu'elle sait très bien quelles activités sexuelles tarifées s'y pratiquent. Tout d'abord, je rappelle que, dans la loi française, la prostitution n'est pas interdite : c'est le proxénétisme qui est illégal. Pour confondre ces établissements, il faut donc établir des faits de proxénétisme, ce qui n'est pas facile. Comment vous y prendriez-vous ? En envoyant un flic se faire passer pour un client ? Ce serait de la provocation au délit… ce qui est interdit : un poulet n'a pas le droit de pousser quelqu'un à commettre un acte illégal. En envoyant un faux client non policier (comme le faisait justement la BRP avec Farid Ouzzane) ? Ça prouverait l'acte de prostitution, mais pas le proxénétisme. En épluchant la comptabilité de l'établissement ?

Mais beaucoup de passes sont payées en espèces et, même si des cartes bancaires sont parfois utilisées, rien ne prouve qu'elles rémunèrent autre chose que de gentils massages.

Non, croyez-moi, identifier à qui profitent *in fine* ces actes tarifés n'est pas si simple. Qui plus est, ces commerces déclarés présentent un énorme avantage : ils permettent de cacher la prostitution aux yeux de la société. Les riverains – et les élus locaux – préfèrent largement passer devant la devanture d'un « salon de massage », plutôt que de marcher au milieu de filles qui font le tapin sur le trottoir ! Socialement parlant, ces boutiques discrètes arrangent tout le monde parce qu'elles sont beaucoup moins gênantes que le racolage pratiqué aux yeux de tous. D'où la multiplication, depuis une quinzaine d'années, de ces nouvelles maisons de tolérance.

Pendant des mois, les gendarmes surveillèrent donc le salon de massage *César Bien-Être*. Jour après jour, ils virent Sabrina ouvrir la boutique, vers 11 heures du matin, en actionnant un rideau métallique assez poussif. Quelques minutes plus tard, une jeune Africaine arrivait. Les deux femmes ressortaient autour de 23 heures et Sabrina abaissait le rideau. Tout au long de la journée, les hommes défilaient. Certains se garaient dans la rue et les pandores relevaient *illico* leur plaque d'immatriculation pour les identifier. Certains furent interrogés, comme ce client qui reconnut qu'en échange de passes gratuites au salon, il avait accepté de faire un mariage blanc avec une Marocaine inconnue. Un jour, la note de surveillance des gendarmes décrivit un client « habillé tout en noir et portant une kippa ». Sa plaque d'immatriculation permit de préciser qu'il tenait un commerce de nourriture casher.

— Et alors ? dit le Vieux au Bleu très choqué, tandis que c'était leur tour de surveiller le salon du bar d'en face. C'est pas parce qu'on est religieux qu'on n'a pas le droit de s'offrir un peu de bon temps, non ?

Les sourcils froncés et l'index tendu en avant, il se retourna soudain vers le jeune gendarme pour lui lancer, l'air grave…

— À condition qu'il ne soit pas marié, bien sûr ! Sinon, c'est péché.

Tous les jours, les pandores recevaient également les photocopies des enveloppes du courrier adressé au salon, que le centre de distribution de la poste leur envoyait. Ouvrir le courrier aurait été possible avec une commission rogatoire *ad hoc*, mais dans ce cas toutes les lettres auraient été saisies en tant que pièces à conviction. Comme méthode de surveillance, ça n'aurait pas été très discret, puisque le salon n'aurait plus reçu aucun courrier. En revanche, recevoir la photocopie des enveloppes permettait, grâce aux en-têtes éventuels, de savoir qui étaient les expéditeurs.

Ce jour-là, après avoir vu la jeune prostituée africaine sortir à l'heure du déjeuner, le capitaine Beaumont poussa la porte du salon de massage. Il était accompagné de Courgette.

C'est Sabrina qui les accueillit. La jeune femme portait une robe fourreau ultra courte qui lui laissait les épaules nues et permettait de constater, sans aucune chance de se tromper, qu'elle ne portait pas de soutien-gorge.

— Bonjour, madame. Gendarmerie maritime. Nous avons quelques questions à vous poser concernant M. Farid Ouzzane. Vous avez quelques minutes à nous accorder ?

— Oui, bien sûr.

Le visage de la jeune femme n'exprima aucune réaction particulière, mais elle saisit aussitôt une télécommande posée sur un petit guéridon, et le rideau métallique du salon descendit lentement derrière les deux gendarmes.

Sabrina ouvrit une porte à gauche de l'entrée et invita ses deux visiteurs à s'asseoir dans ce qui ressemblait à un petit bureau.

— Farid ? Ça fait longtemps que je l'ai pas vu ! Depuis l'an dernier. J'imagine qu'il est au Maroc…

— Non, il n'est pas au Maroc. M. Ouzzane a été tué. Nous avons retrouvé son corps et sa mort remonte à fin juin, début juillet 2011. Nous aimerions notamment que vous nous expliquiez une chose… Depuis sa mort il y a un an et demi, de nombreux organismes ont reçu des courriers signés de son nom. En octobre 2012, par exemple, M. Ouzzane a écrit au syndic de son immeuble pour interdire qu'on entre dans son studio malgré un problème de fuite d'eau. Apparemment, c'est vous qui tenez son salon. Ce n'est pas vous qui gérez aussi ses affaires personnelles, par hasard ? Voire qui signez à sa place ?…

La jeune femme ne sembla pas du tout affectée par l'annonce de la mort de son taulier, mais elle se durcit.

— Oui, bon. Et alors ? Farid est parti au Maroc, il m'a demandé de m'occuper de ses affaires… Alors, plutôt que de lui envoyer tous les courriers là-bas et qu'il me les renvoie, c'est quand même plus simple que je signe à sa place, non ? De toute façon, faut bien qu'il paie son loyer et tous ses trucs… Donc c'est pareil ! Vous allez pas me coffrer pour trois signatures… qui me rapportent rien, en plus ! Moi, je gère ses paperasses, c'est tout ! Merde, vous allez pas me coller au ballon pour ça, quand même !

Le gendarme ne réagit pas.

— Et Nolwenn B., qu'est-ce que vous pouvez nous dire à son sujet ?

— Ça fait longtemps qu'elle bosse plus ici. Et je ne sais pas du tout ce qu'elle est devenue. Vous voulez que j'enquête à votre place, peut-être ?

Le capitaine Beaumont ne put s'empêcher d'être impressionné par le regard noir de la jeune femme qui le toisait avec tant d'arrogance.

— Écoutez, reprit Sabrina, la dernière fois que j'ai vu Farid, c'était à Agadir en juin 2011. Des gars bizarres avaient débarqué ici. Ils m'ont posé plein de questions et j'ai flippé. Au cas où vous ne le sauriez pas, Farid connaissait bien vos potes de la BRP et il se démerdait pour qu'ils nous laissent tranquilles, vous voyez ce que je veux dire... Les gars pas cool qui sont venus me poser des questions, je savais pas si c'étaient des flics ou des voyous, mais dans les deux cas ça me plaisait pas ! Alors, avec Nolwenn, on a pris des billets pour Agadir et on est allées prévenir Farid. On y est allées le 20 juin, je me souviens : le lendemain, y avait la fête de la Musique, ici. Quand j'ai raconté ce qui s'était passé, Farid a appelé son contact chez les keufs et ils lui ont dit que c'était pas eux qui étaient venus au salon. Nolwenn et moi, on est rentrées à Paris le soir même, c'est tout ce que je peux vous dire. Ce qui est sûr, c'est que j'ai pas revu Farid depuis ce jour-là. Et moi, j'étais sûre qu'il se la coulait douce à Agadir !

Après quelques échanges sans intérêt, Beaumont demanda à la jeune femme de leur faire visiter les lieux. Le salon comportait une petite salle d'attente à droite de l'entrée, puis deux chambres, que Sabrina surnommait « la jaune » et « la rose », et enfin une minuscule salle de douche avec W-C. Au fond d'un petit couloir, une porte donnait sur un escalier qui descendait au sous-sol. Là, contre le mur d'une pièce sans fenêtre, un grand « X » en métal noir, muni de lanières, servait – comme l'expliqua Sabrina – à attacher en croix les clients demandeurs de pratiques sadomasochistes. Du coin de l'œil, le capitaine Beaumont remarqua l'air effaré de Courgette devant cette installation impressionnante.

Le lendemain, toute la cellule Valise 56 était rassemblée à Lorient autour du commandant Chappel. Chacun fit son rapport et, une fois que toutes les infos furent partagées, le commandant prit la parole.

— Bien ! Selon le principe que c'est la victime qui va nous guider à son meurtrier, qu'est-ce que nous savons ? Qu'Ouzzane était dans l'avion d'Agadir qui a atterri à Paris le 21 juin à 21 h 32. Et qu'est-ce qu'il a fait ensuite ?

— Il est allé direct voir ses filles, répondit le Vieux, debout contre un mur dans un coin de la pièce.

— Et donc…

— Jusqu'à preuve du contraire, réagit aussitôt Courgette, Sabrina et Nolwenn sont les dernières personnes à l'avoir vu vivant.

— Et peut-être aussi les premières à l'avoir vu mort, surenchérit le Vieux d'un ton détaché.

— On est d'accord ! lança le commandant Chappel. Maintenant, nous avons deux options : soit on la joue rapide, autrement dit on interpelle les deux filles et on les met en garde à vue pour les interroger, soit on la joue prudente et on prend notre temps pour assurer notre coup. Capitaine, vous en pensez quoi ?

Après une grande inspiration, le capitaine Beaumont répondit :

— S'il y avait un danger imminent, j'opterais pour la première stratégie. Mais là, on n'a aucune raison de se précipiter. Mieux vaut apprendre d'abord à qui on a affaire, pour voir si on peut trouver du biscuit avant de les interroger…

— *Chi va piano va sano*, résuma le Vieux dans son coin.

— OK, conclut Chappel avec un petit sourire de satisfaction. J'appelle la juge d'instruction pour lui demander de mettre Sabrina et Nolwenn sur écoute. Et en attendant, on épluche tout : je veux TOUT savoir sur ces deux filles !

Très rapidement, Nolwenn fut localisée et les deux jeunes femmes placées sur écoute, tandis que les gendarmes lançaient les investigations sur elles.

Sabrina fut régulièrement suivie et photographiée pour savoir qui elle rencontrait. Sa vie fut épluchée dans ses moindres détails : historique téléphonique, comptes bancaires, situation fiscale, déplacements, achats, dossier médical…

Les enquêteurs étudièrent aussi ce que l'on appelle l'« environnement relationnel » de la maquerelle, autrement dit ses proches du premier cercle : famille, amis et relations professionnelles. La vie de tous ces gens fut épluchée à son tour : identité complète, historique téléphonique, comptes bancaires, situation familiale, situation professionnelle, situation fiscale, propriétés et placements, etc. Certains proches furent également suivis, surveillés et photographiés. Si, pendant la surveillance de quelqu'un, il entrait en contact avec un inconnu qui montait ensuite dans une voiture, le véhicule était aussitôt l'objet de recherches : à qui appartient-il ? Par qui a-t-il été acheté ? Où habite le propriétaire ? Qui d'autre habite là ? etc. Et quand, parfois, le profil d'un proche de ces proches – le second cercle – attirait l'attention des enquêteurs, il était à son tour soumis aux mêmes investigations. Un seul exemple : quand les gendarmes découvrirent qu'une des sœurs de Sabrina avait une amie albanaise, celle-ci fut immédiatement l'objet d'investigations plus poussées, tout comme son mari, d'ailleurs.

C'est ainsi que les enquêteurs apprirent l'histoire de cette prostituée, une histoire aussi sordide que banale.

Voilà une gamine d'origine algérienne qui, en 2002, débarque à Paris, à 18 ans, pour fuir sa cité de banlieue. Elle est paumée, elle ne sait rien faire de particulier, c'est une belle fille et elle n'a peur de rien. Elle zone à Pigalle, où elle rencontre Farid Ouzzane qui lui propose de l'embaucher dans son salon de massage, en lui expliquant clairement qu'en se prostituant pour lui elle pourra gagner pas mal de pognon. Elle accepte.

Sabrina s'adapte assez vite à la prostitution et génère une clientèle fidèle. Mais Farid Ouzzane tombe sous son charme et ils deviennent amants. Sont-ils amoureux au sens où nous l'entendons généralement ? Difficile à dire, tant ils sont tous les deux « abîmés » du point de vue affectif. D'ailleurs, ce sont certainement ces fêlures de la vie qui les ont rapprochés.

Professionnellement, en tout cas, leur couple fonctionne bien. À tel point qu'en 2003 le maquereau confie à sa maîtresse la gérance de l'établissement. Ouzzane vit entre Paris et Agadir, où il possède une villa. Il y prend un peu de recul, d'autant que ses relations dans le milieu de la voyoucratie et son activité d'indic pour la BRP le rendent de plus en plus parano. Quand il passe à Paris, il ne manque pas de récolter les énormes bénéfices de son salon.

Pendant des années, la petite entreprise est florissante. Les passes coûtent 100 euros la « finition manuelle », 200 euros avec fellation, 300 euros la « totale ». Les clients défilent.

Mais, en 2008, Sabrina souffre de fortes douleurs au dos et a de plus en plus de mal à travailler. Elle demande à Ouzzane d'embaucher quelqu'un pour l'aider. Il accepte et passe une petite annonce anodine, genre « recherche employée pour salon de massage », dans un magazine libertin parisien. Une jeune femme de 21 ans, Nolwenn, se présente.

Là encore, l'histoire de cette fille est tristement classique, même si son profil est diamétralement opposé à celui de Sabrina. Nolwenn a 21 ans, c'est une personnalité fragile, elle vient de vivre une rupture amoureuse très douloureuse et elle n'a pas un rond pour vivre quand elle déboule de sa Bretagne familiale à Paris. Concernant l'emploi qui lui est proposé, elle sait de quoi il retourne, puisque Farid Ouzzane ne manque pas de la « tester » immédiatement, selon l'horrible expression du jargon des proxénètes.

Sabrina trouve cette jeune oie blanche un peu trop délicate et inadaptée pour le job, mais Ouzzane insiste : il tient à embaucher Nolwenn, persuadé qu'elle aura beaucoup de succès auprès des clients. Il convainc Sabrina de la prendre à l'essai pendant une journée et, face aux prestations efficaces de la petite Bretonne, Sabrina accepte de la garder.

Petit à petit, avec les absences prolongées d'Ouzzane, une amitié se tisse entre les deux prostituées et se renforce au fil des mois. Nolwenn, la petite provinciale apeurée, est totalement fascinée par l'assurance de la Méditerranéenne au sang chaud et à la forte personnalité, qui sait tenir tête aux hommes et s'imposer quand il le faut. De son côté, Sabrina se prend d'affection pour cette gamine échouée, comme elle, sur la mauvaise rive de la vie. Elle finit par la materner. Mais la fille de banlieue a déjà le cœur trop endurci, et son ascendant sur sa protégée vire progressivement à la manipulation : sans s'en rendre compte, la petite Bretonne admirative tombe sous l'emprise de sa maquerelle, dans une relation fusionnelle et destructrice.

Après quelques mois de travail au salon, Nolwenn ne rentre même plus chez elle et dort sur place. Elle effectue de dix à quinze passes par jour – parfois plus si la salle d'attente est pleine –, sans interruption de 11 heures à 23 heures, sept jours sur sept. Autrement dit, de son réveil à son coucher, des hommes lui passent sur le corps, y compris quand elle est malade ou qu'elle a ses règles. Dans ce cas, Sabrina lui a expliqué comment se mettre une éponge au fond du vagin pour continuer à bosser. Parfois, quand la douche ne fonctionne plus, elle ne se lave qu'avec un seau. On a l'impression qu'elle vit l'enfer sans même s'en rendre compte. De leur côté, Sabrina et Farid Ouzzane sont ravis : la nouvelle recrue assure à elle seule un chiffre d'affaires moyen de 4000 euros par jour… sur lequel ils lui octroient un salaire de 3000 euros par mois.

Mais qu'est devenue la jeune Bretonne depuis son départ du salon en juillet 2011 ?

À l'automne suivant, Nolwenn a quitté Paris. Quelques mois plus tard, elle était internée à deux reprises en hôpital psychiatrique, après des bouffées délirantes dans la rue, avec crises d'angoisse et de persécution, ainsi qu'une tentative de défenestration. Son second internement a duré plus de deux mois.

C'est alors que les enquêteurs tombent des nues : ils découvrent que l'ancienne prostituée a décidé de passer le concours pour devenir... gardien de la paix ! Certains candidats cherchent-ils à entrer dans la police parce qu'ils n'ont pas été confrontés à suffisamment d'autorité ? Oui, je le crois. Pour des jeunes qui ont été livrés à eux-mêmes et en ont souffert, la police ou l'armée peut offrir non seulement une famille de substitution, mais aussi un cadre autoritaire dans lequel ils auront une place bien définie. Au sein d'une hiérarchie stricte, ils recevront des ordres clairs. Et en obéissant, ils auront le sentiment de servir la société, de se rendre utile. Ça ne donne pas des agents des forces de l'ordre pleins d'idées ou d'initiative, ça donne des recrues obéissantes... et il en faut aussi pour que tout le bousin fonctionne.

Après un mois d'écoutes téléphoniques qui n'avaient rien donné, la juge d'instruction renouvela la demande pour un mois. Toujours rien. Renouvellement pour deux mois. *Nada*. Encore deux mois sans résultat... Et là, l'enquête officielle ne le dit pas, mais j'ai ma petite idée sur ce qui s'est probablement passé...

Voyant que les écoutes étaient infructueuses, la juge d'instruction et le commandant Chappel eurent une idée : annoncer à la presse que l'inconnu retrouvé six mois auparavant dans une valise – et dont les journaux avaient beaucoup parlé, à l'époque – était enfin identifié sous le nom de Farid Ouzzane. Jusqu'alors, l'info avait été tenue secrète pour faciliter l'enquête. Mais là, il fallait secouer le cocotier pour voir si des trucs intéressants pouvaient en tomber.

Selon moi, une indiscrétion fuita « opportunément » de la cellule d'enquête vers un journaliste local. Ce dernier publia aussitôt l'info, qui fut reprise un peu partout.

La stratégie fut payante et la noix de coco tomba immédiatement.

C'est ainsi que, le 27 mai 2013, les gendarmes interceptèrent une conversation téléphonique entre Nolwenn et son meilleur ami, Thomas. La jeune femme l'avait connu au lycée et ils s'étaient retrouvés l'année précédente. Grâce à leurs investigations sur elle, les gendarmes savaient tout de lui : après des études brillantes dans une grande école, ce jeune homme était devenu cadre dans un établissement de placements financiers, il vivait en couple avec un architecte de douze ans son aîné et ils avaient un chat nommé Pacha.

Quand il appela Nolwenn ce soir-là, Thomas venait de découvrir l'info dans la presse et il était visiblement paniqué.

— Putain, Nolwenn ! T'as vu ce truc dans le journal ! J'y crois pas ! L'an dernier, quand tu délirais complètement à l'hôpital psy, tu m'as raconté que t'avais participé à tuer quelqu'un, et tu parlais d'un corps dans une valise transportée chez ton père à Lorient ! À l'époque, je pensais juste que tu délirais, tellement t'étais shootée aux médocs ! Mais là, merde, Nolwenn, c'est trop chaud, j'y crois pas ! Quand j'ai vu cet article, j'ai cru que j'allais gerber, j'te jure ! C'est un cauchemar, cette histoire, Nolwenn !

— Non, écoute-moi, Tom !

— Non, je suis désolé, mais je suis pour rien là-dedans, moi ! Je veux plus que tu me parles de ça, ni de rien ! Ton père n'existe pas, pour moi ! Je veux plus rien savoir, plus rien !

Et il raccrocha.

Après avoir entendu l'enregistrement de cette conversation qui venait de lui parvenir, le visage du commandant Chappel s'éclaira d'un grand sourire.

— Eh ben, voilà ! Cette fois, y a du gros qui mord à l'hameçon !

Le lendemain, les gendarmes interpellaient Nolwenn et Sabrina, ainsi que le troisième personnage évoqué dans la conversation téléphonique : le père de Nolwenn, localisé à Lorient. Et tous les trois se retrouvèrent en garde à vue.

Dans un bureau de la gendarmerie maritime, le capitaine Beaumont et le Bleu se chargèrent de l'interrogatoire de Sabrina. Toujours hautaine, celle-ci nia toute participation à quoi que ce soit.

— J'ai rien à voir avec tout ça, désolée. Pour moi, Farid était à Agadir et si quelqu'un l'a buté, j'y suis pour rien, merde, quoi !

— Quelles étaient vos relations avec lui ? demanda calmement Beaumont.

— Entre nous, ça n'a toujours été que sexuel et professionnel, en tout cas pour moi. Lui, par contre, il me présentait à tout le monde comme sa femme et… oui, je pense qu'il était amoureux de moi. Moi, non, je n'ai jamais été amoureuse de lui… mais c'est pas pour ça que j'aurais pu le tuer. Pourquoi vous m'emmerdez avec ça, bordel ?

— Et entre Nolwenn et vous, comment ça se passait ? poursuivit Beaumont, imperturbable.

— La première fois qu'elle a débarqué au salon, j'ai pas cru une seconde qu'elle pourrait assurer le job. Je lui ai quand même fait faire un essai et, à la fin de la journée, elle était super contente. Je l'ai quand même engueulée, parce qu'elle avait fait une fellation à un client sans préservatif ! En fait, j'ai vite compris qu'elle voulait tout faire pour me plaire. C'était quelqu'un de très fragile, elle était paumée. Elle avait eu beaucoup de merdes dans sa vie, et elle était triste et seule. Donc oui, elle m'a fait de la peine et je l'ai aidée comme j'ai pu. Mais ensuite, elle est devenue ultra possessive, elle était jalouse, elle voulait tout le temps être toute seule avec moi, elle me répétait souvent qu'elle m'aimait plus que moi je l'aimais… et elle voulait sans arrêt me ressembler, je sais pas pourquoi !

Pendant ce temps, dans un bureau voisin, le commandant Chappel et Courgette interrogeaient Nolwenn. Et là, l'ambiance était très différente. La jeune femme paraissait bouleversée et, comme ça arrive souvent en pareil cas, elle donna tout de suite l'impression aux gendarmes d'attendre depuis longtemps ce moment, comme celui d'une délivrance.

— Vous savez pourquoi vous êtes là, mademoiselle ? lui demanda Chappel d'une voix qu'il voulut aussi rassurante que possible.

— Oui, je suis contente que vous soyez venus me chercher. Il faut que je prenne ma part de responsabilité dans cette histoire, et donc je dois vous raconter ce qui... pour... c'est la seule façon de me... soulager.

— Avant tout, pouvez-vous nous dire quelles étaient vos relations avec Sabrina L. ?

— Quand je l'ai rencontrée, je me suis sentie tout de suite hypnotisée par elle. Elle était tellement sûre d'elle ! Elle me fascinait et j'avais envie de lui ressembler !

— Quand vous avez accepté de travailler au salon, vous saviez qu'il s'agissait de prostitution ?

— Oui, mais c'est parce que je voulais absolument être avec cette fille. C'est difficile à expliquer, mais j'étais convaincue que c'était quelqu'un de bien. Je n'ai jamais eu de sentiment amoureux envers elle – j'ai jamais été homo –, c'était plutôt du domaine de l'admiration totale. Je l'ai vraiment aimée. Je pensais qu'elle avait subi beaucoup de choses, comme moi, et que, sous ses abords rudes, elle était en réalité fragile. Mais elle était toujours maîtresse d'elle-même. C'est même incroyable, cette absence totale de sentiments et d'émotions ! Sabrina s'occupait de tout pour moi. Par exemple, c'est elle qui choisissait mes vêtements, parce qu'elle disait toujours que je ne savais pas m'habiller, ni me coiffer, ni me maquiller. Mais en fait, elle me perturbait en me disant des trucs contradictoires, elle faussait tous mes repères, moi qui déjà n'en avais pas beaucoup. J'étais complètement sous sa coupe, j'aurais fait n'importe quoi pour elle, car je sais aujourd'hui qu'elle venait combler une énorme carence affective chez moi. À 18 ans, j'avais voulu entrer dans l'armée parce que je suis quelqu'un qui a besoin de structures, de discipline. Et en fait, elle m'apportait ce cadre, elle s'occupait de moi. Sans elle je n'étais rien.

La jeune femme avait commencé son récit en regardant ses deux interlocuteurs. Puis, très vite, elle avait baissé la tête vers le sol, hagarde, comme si elle commentait des images qui défilaient devant ses yeux.

— Vous vous étiez déjà prostituée avant ? demanda Courgette.

— Oui, une fois quand j'avais 16 ans. C'était à Lorient, j'étais aux Galeries Lafayette… Un homme m'a proposé de coucher avec lui pour de l'argent et j'ai accepté. Mais c'était ni pour l'argent ni pour le sexe… c'était pour me punir.

— Vous punir de quoi ? continua la gendarme.

— Je pense que c'est parce que j'avais déjà été abusée. Quand j'avais 6 ou 7 ans, il y avait un voisin, un type des gens du voyage, qui me proposait des friandises pour que je vienne dans sa caravane. Là, il me bandait les yeux et il me mettait des trucs dans la bouche… je pense que c'était son sexe. Mais ce qui m'a fait le plus mal, c'est que, quand j'en ai parlé à mes parents, ils n'ont eu aucune réaction. Comme s'ils acceptaient ce qui m'arrivait. J'aime mes parents, mais ils n'ont pas du tout joué leur rôle. De la même façon, quand j'ai dit à ma mère qu'un prof du lycée m'avait embrassée en me tripotant, elle n'a rien fait. Et ce prof qui me tripotait en douce, quand je lui ai raconté que je m'étais prostituée, il m'a dit : « Si les autres y ont eu droit, pourquoi pas moi ? » Et après, on a eu un rapport sexuel. Il bosse toujours au lycée, d'ailleurs. Donc tout ça m'a toujours donné envie de me détruire et de me faire du mal. Surtout avec les hommes.

— Vous pouvez nous dire comment les choses se passaient au salon, au printemps 2011 ? poursuivit Beaumont calmement.

— Il y avait tout le temps des tensions entre Sabrina et Farid au sujet de l'argent du salon. Avec tout le boulot qu'on faisait et lui qui se la coulait douce à Agadir, elle en avait marre de le payer. Le salon, c'était nous qui le faisions tourner. Alors elle lui avait dit plusieurs fois qu'elle voulait arrêter de lui filer tout cet argent.

— C'est pour ça que vous êtes parties le voir à Agadir le 20 juin 2011 ?

— C'est Sabrina qui a soudain décidé ça et elle m'a demandé de l'accompagner, je sais pas pourquoi. Dès qu'on est arrivées là-bas, Sabrina a été super agressive avec Farid. Elle lui a raconté que des flics avaient débarqué au salon pour nous cuisiner, ce qui était faux… je sais pas pourquoi elle a inventé cette histoire. Alors Farid a appelé ses amis flics et ils lui ont dit que non, c'était pas eux. Du coup, Sabrina et lui se sont encore plus engueulés et, après, on est reparties tout de suite à Paris.

— Comment ça s'est passé, le lendemain, quand Farid Ouzzane est arrivé d'Agadir ?

Nolwenn respira profondément avant de se lancer.

— Il est venu direct de l'aéroport au salon, il est arrivé vers 23 heures. J'avais fini ma journée et on discutait avec Sabrina dans le bureau. Quand il est entré, Sabrina et lui ont très vite parlé d'argent et ils ont recommencé à s'engueuler. Farid avait l'air dépité, en fait. Je me souviens qu'à un moment il lui a dit : « Sabrina, n'oublie pas que dans cette histoire, la victime, c'est Nolwenn ! », et qu'il valait mieux tout laisser tomber, qu'elle pouvait prendre ses affaires et partir. Sabrina était tellement énervée qu'elle lui a balancé sa tasse de café dessus. Alors tout d'un coup, il s'est levé, il s'est avancé vers la porte et, au passage, il m'a bousculée. Là, j'ai rien compris : la lumière s'est éteinte et on s'est retrouvés dans le noir pendant quelques secondes. Je pense qu'en allant vers la sortie il a touché l'interrupteur à droite de la porte du bureau. Quand j'ai rallumé, Farid était tout pâle, il avait l'air choqué, comme apeuré. Il a pris doucement le bras de Sabrina en lui disant qu'il allait partir. Il était tout pâle et il a actionné le moteur pour lever le rideau métallique en disant : « Non, non… Là, c'est fini, je vais m'en aller… » Il avait l'air complètement ailleurs.

— Et comment a réagi Sabrina ?

— Elle, elle le regardait avec le regard d'un animal prêt à bondir. Elle s'est tournée vers moi, elle était super tendue et elle m'a demandé d'aller vite dans la chambre jaune pour chercher les chandeliers en métal. Quand je suis revenue, le volet roulant finissait de se relever et au moment où Farid allait sortir, Sabrina m'a pris un chandelier et elle lui a donné un grand coup sur la tête et…

La jeune femme regarda Beaumont. Elle avait l'air épuisée, épuisée et triste. Dehors, le soleil se couchait sur Lorient.

— Vous voulez qu'on fasse une pause ? Vous voulez un verre d'eau ? un café ?

— Non, merci, mais j'aimerais beaucoup fumer une cigarette. Je sais que c'est interdit, mais…

— Allez-y… On va vous apporter un cendrier.

— Merci.

Courgette se leva d'un bond, ravie d'avoir un prétexte pour sortir de la pièce. Elle sentait que des larmes lui montaient aux yeux.

Nolwenn prit un paquet de cigarettes dans son sac, en alluma une sur laquelle elle tira avidement. Puis elle replongea son regard vers le sol, tandis que Courgette revenait de la cuisine avec un bol en guise de cendrier. Le commandant reprit :

— Donc Sabrina a assommé Farid Ouzzane avec ce chandelier au moment où il sortait du salon ?

— Elle l'a frappé, mais il a continué à avancer lentement en se frottant la tête. Il est sorti dans la rue et Sabrina l'a suivi avec son chandelier à la main. Je me rappelle que le jour commençait à se lever. Moi, je suis restée sur le pas de la porte, je serrais le chandelier contre ma poitrine et je pleurais en appelant : « Sabrina ! Sabrina ! »

— Il n'y avait personne, dans la rue ?

— J'ai juste vu un homme un peu gros, dans une camionnette blanche garée devant le salon. Quand il a vu la scène, il a eu l'air paniqué… Il a tourné son volant et il est parti en trombe. En voyant son air effrayé, j'ai senti que ça allait mal se passer et que personne n'allait venir nous sauver.

— Et ensuite ?

— Deux minutes plus tard, ils sont revenus tous les deux. Farid était tout lent, il marchait comme un zombie et il a marmonné : « C'est pas grave, on va oublier tout ça… » J'ai vu qu'il saignait derrière la tête. J'étais terrorisée et je me suis concentrée sur la chanson qui passait à la radio… Je me souviens, c'était *À l'ombre des jugements*, de Keny Arkana. Sabrina a fait asseoir Farid devant le bureau et elle a commencé à lui dicter des trucs à écrire qui indiquaient ce qu'il allait lui donner. Pendant qu'il écrivait, Sabrina était debout derrière lui, à gauche, et elle m'a fait signe pour que je me mette à droite et que je lui passe le câble de l'imprimante. Je lui ai donné et, d'un coup, elle lui a entouré le câble autour du cou et elle m'a donné un bout pour qu'on tire chacune de notre côté pour l'étrangler !

— C'est donc comme ça qu'il est mort ? demanda le commandant calmement, tandis que Courgette tentait de ne rien laisser paraître de son extrême tension intérieure, sans se rendre compte qu'elle s'était enfoncé la tête dans les épaules.

Nolwenn était terrorisée, comme si elle revivait la scène. Son débit s'accéléra.

— Non ! Parce que ce qui s'est passé, c'est que, pendant que je tirais, tout d'un coup j'ai vu la tête de Farid dans la glace, il était tout blanc, il avait les yeux écarquillés et fixes... C'était horrible ! Alors j'ai complètement flippé, j'ai tout lâché et je suis partie dans le couloir et je me suis assise par terre en pleurant. J'avais trop peur ! J'arrêtais pas de pleurer et de repenser à la tête de Farid, toute blanche avec ses gros yeux. C'était comme dans un cauchemar...

— Et puis ?

— Je sais pas du tout combien de temps je suis restée là mais, à un moment, Sabrina est sortie du bureau et elle m'a dit : « Je crois qu'il est mort. Tu crois qu'il faut que je lui entaille les veines ? Je vais lui mettre un sac plastique sur la tête pour être sûre ! » Je me rappelle qu'elle a parlé de le découper, mais elle a pas dit avec quoi. Elle a dit aussi qu'elle voulait l'emmener dans la douche pour lui couper les veines, ou dans la cave du salon pour le dissoudre dans de l'acide, mais elle avait peur d'abîmer ses vêtements. Ça m'a fait penser qu'elle adorait regarder des films d'horreur avec plein de sang, des gens qui se font découper et tous ces trucs horribles que je déteste... Moi, tout ce que je lui ai dit, c'est que je ne voulais pas voir le cadavre de Farid, c'était pas possible ! Elle a quand même respecté ça parce que, après, elle m'a dit qu'elle l'avait enveloppé dans une bâche en plastique. Au salon, il y avait des travaux de peinture à cette époque, donc il y avait des trucs de peintre un peu partout. Ensuite, on a tout éteint, on a fermé le salon et on est parties. C'était l'enfer, j'arrêtais pas de repenser à la tête de Farid… Je me souviens qu'à un moment on est allées à son studio, dans le VIIIe arrondissement. Sabrina a ouvert le coffre-fort, elle a sorti 160 000 euros et elle m'en a donné 10 000. Mais je suis incapable de vous dire quand ça s'est passé exactement… il y a plein de trucs qui sont devenus flous dans ma mémoire, je suis désolée.

Nolwenn lâchait tout et, peu à peu, elle semblait soulagée. Elle raconta ainsi que, dans la journée qui suivit le meurtre, les deux femmes étaient allées acheter une grosse valise sur les Champs-Élysées avant de retourner au salon. C'est certainement à ce moment-là que Sabrina avait placé Farid Ouzzane dans la valise après l'avoir ligoté et lui avoir enlevé ses chaussures.

Pour se débarrasser de l'encombrant colis, Sabrina a tout d'abord demandé de l'aide à ses frères, mais ils ont refusé : trop peur de se compromettre dans un plan foireux. Elle a alors proposé à Nolwenn d'appeler son père à Lorient, pour lui dire que quelque chose de grave s'était passé et qu'elle allait le rejoindre en urgence au cours de la nuit suivante.

Nolwenn refusa d'impliquer son père dans cette affaire, d'autant qu'il travaillait pour une administration locale et qu'elle voulait à tout prix le protéger. Mais Sabrina avait toujours de l'ascendant sur la jeune Bretonne et elle sut trouver les mots pour la convaincre.

Le soir venu, les deux femmes ont appelé un taxi et, après avoir chargé la lourde valise dans le coffre, elles ont pris la direction de la Bretagne. Elles avaient même pensé à acheter des petits sapins désodorisants, au cas où le cadavre dégagerait une odeur trop forte. Vous imaginez le chauffeur de taxi, tout content d'une telle course, mais qui ignore que les deux jeunes femmes sexy qu'il transporte sont en fait les meurtrières d'un type dont le cadavre est dans le coffre ?

— C'était au petit matin, confirma le père de Nolwenn dans une autre salle d'interrogatoire, alors que le Vieux et le Phare venaient de lui faire part des révélations de sa fille. On s'était donné rendez-vous à la gare de Lorient et j'ai vu arriver le taxi avec Nolwenn et cette femme méditerranéenne. Elles m'ont demandé de les aider à sortir du coffre une énorme valise super lourde, et je ne comprenais rien à ce qui se passait. La femme a payé le taxi et ensuite, Nolwenn m'a expliqué qu'elle et son amie avaient fait une énorme bêtise. « Un truc affreux », elle me dit. Et elle m'annonce que, dans la valise, il y a le cadavre d'un type qui leur a fait du mal et qu'elles ne savent pas comment s'en débarrasser. Elle était terrorisée. Eh bien moi, je suis désolé, mais c'est ma fille et ça, c'est sacré ! Et quand ma fille me dit qu'elle compte sur moi pour l'aider, eh bien moi, je l'aide pour que sa vie soit pas gâchée, c'est tout ! Je sais bien qu'il ne faut pas tout passer à un enfant, mais là, il y avait urgence et je ne me suis pas posé de questions ! Donc j'ai décidé de m'occuper de la valise et de rien dire à la police. Je crois que tous les pères qui aiment leur fille auraient fait comme moi, non ?

On peut s'étonner du comportement de ce père. Des années plus tôt, il n'avait pas réagi quand sa fille lui avait annoncé avoir été abusée par un voisin, puis par un prof. Et soudain, le voilà qui enfreint la loi en se débarrassant d'un cadavre pour sauver son enfant ? Selon moi, ce paradoxe peut s'expliquer : l'épisode de la valise a, peut-être, ranimé un sentiment de culpabilité enfoui chez ce père. Dans ce contexte, on peut penser que sa réaction fut – au moins inconsciemment – une manière de racheter sa fautive inaction du passé, aux yeux d'une fille qu'il aimait sincèrement. Mais bon… je m'appelle Jean-Marc, pas Sigmund !

— Mmm, maugréa le Vieux pour éviter de répondre. Et ensuite ?

— J'ai chargé la valise dans ma voiture et je suis parti au port. J'ai un ami qui a un petit bateau là-bas, qu'il me prête de temps en temps. J'ai pris des cordages qui étaient sur le bateau et j'ai lesté la valise avec des haltères qu'on utilise souvent comme gueuses pour les casiers de pêche. Et puis je suis allé à un endroit où je me suis dit que c'était assez loin et que la valise allait couler profond.

— Votre ami propriétaire du bateau était au courant ?

— Non, pas du tout, je vous le jure ! Je vais vous donner son nom mais, sincèrement, il n'est absolument pas concerné par tout ça. Il ne sait même pas que j'ai emprunté son bateau ce jour-là.

— OK, on va vérifier tout ça…

La nuit était tombée sur Lorient. Régulièrement, le commandant Chappel réunissait toute la cellule d'enquête pour faire le point sur la situation. Des sandwichs furent apportés dans les trois salles d'interrogatoire, après quoi Beaumont et le Bleu retournèrent interroger Sabrina qui monta aussitôt sur ses ergots en apprenant les accusations de Nolwenn.

— Mais putain, c'est des conneries, tout ça, c'est n'importe quoi ! Je vous l'ai déjà dit : moi, j'étais sûre que Farid était vivant, qu'il était à Agadir et donc j'ai continué à gérer ses affaires ! Mais votre histoire, là, c'est que d'la merde, j'ai rien à faire là-dedans, putain ! De toute façon, j'y étais pas, au salon, le 21 juin, ni le 22 ! Alors je sais pas ce qu'a fait Nolwenn là-bas, mais moi, j'ai rien à voir avec ces conneries ! Tout le monde le sait : elle est folle, Nolwenn, complètement barjo ! Donc elle délire complètement, c'est tout ! C'est juste du mytho, son histoire ! Et demandez à tous les gens qui me connaissent : je ne suis ni violente ni tarée pour faire ce genre de choses ! Et puis sérieux, vous m'avez vue ? Farid, il était costaud, il avait fait de la boxe autrefois et il pouvait être violent ! Moi, il m'aurait juste massacrée si je l'avais agressé ! Non mais, vous rigolez, ou quoi ! Il fallait plusieurs gars solides pour le tuer. C'est quoi, ce délire ?

— Mais pourquoi Nolwenn inventerait-elle toute cette histoire ?

— Qu'est-ce que j'en sais, moi ? Ce qui est sûr, c'est qu'elle a toujours été jalouse de moi et ultra possessive, je vous l'ai dit ! Une vraie malade ! C'est vrai qu'elle m'a fait de la peine, au début... Elle flippait, elle parlait tout le temps de suicide et j'ai essayé de l'aider à être bien dans sa peau. Merde, j'ai tout fait pour l'aider ! Et puis tout d'un coup, je sais pas pourquoi, elle s'est barrée ! Alors je sais pas si elle veut se venger de moi ou quoi, mais elle est capable de tout, cette folle ! En plus, elle se démerde toujours pour passer pour une victime ! Et puis j'en sais rien, moi :

peut-être qu'elle a buté Farid avec des complices qu'elle veut protéger ! C'est à vous de trouver ! Mais putain, laissez-moi en dehors de ça, j'y suis pour rien dans cette histoire !

— Mais vous reconnaissez l'avoir accompagnée à Lorient pour voir son père... et avec une grosse valise ?

— Oui, bien sûr ! Je sais plus quand c'était... Elle était pas bien et elle voulait voir son père. Elle m'a demandé de l'accompagner, mais je sais pas du tout ce qu'il y avait dans sa valise, moi ! Je pensais que c'étaient des trucs qu'elle apportait pour lui. Et puis écoutez, vous imaginez que si j'avais buté Farid comme elle le raconte et tapé 160000 euros dans son coffre, j'aurais gardé le salon ? Je me serais juste cassée, c'est tout ! Non mais sérieux, réfléchissez, quoi !

Les gendarmes étaient embarrassés. Certes, la version de Nolwenn expliquait tout. Mais ils savaient que la jeune femme était très instable psychologiquement. Son témoignage était donc à prendre avec des pincettes.

— Et puis il y a un truc qui ne va pas dans son histoire, lança le Vieux alors que toute la cellule d'enquête était de nouveau réunie. Comment ça se fait que le type, qui se retrouve avec un câble autour du cou et deux petites meufs en train de tirer de chaque côté, ne se débatte pas ? Il faisait quasiment 1,80 m ! Donc il suffisait qu'il se lève, qu'il en bouscule une pour qu'elle lâche le câble, et il se dégageait sans problème ! Là, d'après ce qu'elle raconte, il reste bien gentiment assis en attendant de se faire étrangler. Ça tient pas debout !

— Il était grand mais pas costaud, rétorqua le commandant Chappel. Beaucoup de témoins disent qu'il était faible physiquement, et on sait qu'il fumait beaucoup et qu'il se gavait de Lexomil… Non, c'était pas un costaud ! On sait aussi, par l'autopsie, qu'il n'avait rien mangé depuis son départ d'Agadir. Et puis n'oubliez pas qu'il venait de passer une nuit blanche extrêmement stressante à s'engueuler avec Sabrina, plus le ou les coups de chandelier sur le crâne… tout ça a dû sérieusement l'affaiblir.

— Mais de là à se laisser tuer sans se débattre ! renchérit le Bleu. Et en plus, ça ne colle pas non plus avec l'autopsie. J'ai relu toutes les conclusions du légiste et il n'y a rien sur le cou. S'il y avait eu étranglement avec un câble, ça se retrouverait clairement sur le larynx. Et là, y a rien. Au contraire, les légistes nous parlent d'hématomes sur les bras et le torse qui pourraient être des lésions de défense : c'est bizarre…

— Oui, mais si Nolwenn nous balade, quel est son intérêt ? coupa le capitaine Beaumont.

— De toute façon, conclut Chappel, j'ai eu la juge d'instruction et elle confirme que malgré ces incohérences dans les déclarations de Nolwenn et les dénégations de Sabrina, on en a assez pour coffrer tout le monde.

C'est ainsi que, le vendredi 31 mai 2013, Sabrina et Nolwenn étaient incarcérées après leur mise en examen pour les chefs d'assassinat, enlèvement, séquestration ou détention arbitraire suivie de mort en bande organisée et recel de cadavre. Le père de Nolwenn fut également mis en examen pour recel de cadavre et emprisonné.

Restait aux gendarmes à vérifier point par point toutes les affirmations de Nolwenn. Et là encore, ils ont mis le paquet.

Avant tout, Sabrina et Nolwenn furent soumises à une expertise psychiatrique. Concernant la première, les experts conclurent à « une personnalité narcissique, mettant en évidence une relation systématiquement basée sur un contrôle émotionnel et relationnel, instrumentalisant facilement son entourage et laissant peu de place au doute, à l'autocritique et à l'empathie ».

Pour Nolwenn, les psys ne relevèrent aucune confusion mentale. Ils décrivirent « une structuration faible de la personnalité, un état de dépendance affective et donc une forte malléabilité, avec une forme d'hystérie se traduisant par une manie de raconter à tout le monde son vécu et sa souffrance ».

Là encore, j'avoue être impressionné par la quantité d'investigations menées par les gendarmes pendant les mois qui suivirent. Si certaines enquêtes relèvent parfois de la « frappe chirurgicale » pour taper juste au bon endroit, celle-ci ressemble plutôt à du *carpet bombing*. Le bombardement en tapis est la technique qu'utilisaient les Américains au Viêtnam, quand ils arrosaient toute une région de bombes pour être sûrs qu'il ne reste pas le moindre petit bout de terrain intact.

Cette fois, les pandores interrogèrent quasiment tous ceux que Nolwenn et Sabrina avaient croisés au cours de leur vie : leur famille, leurs amis, leurs ex, leurs copains d'enfance, leurs anciens profs et les parents d'élèves à l'époque de l'école, du collège et du lycée, leurs voisins, les commerçants de leur quartier, leurs différents médecins, leur coiffeur, leurs anciens collègues de travail et j'en passe. Pendant des mois, des dizaines et des dizaines de personnes furent entendues. Le prof avec qui Nolwenn avait eu des relations sexuelles quand elle était en première fut retrouvé. Il reconnut les faits en affirmant qu'elle l'avait poussé à l'acte… et qu'il n'y avait pas pris de plaisir, crut-il nécessaire de préciser. Son interrogatoire par les gendarmes l'amena à informer sa femme et son proviseur des événements.

Les experts épluchèrent aussi le contenu des ordinateurs et des téléphones portables des deux jeunes femmes. Dans les archives de Sabrina, ils trouvèrent notamment des photos d'un homme nu, avec son nom et sa fonction : inspecteur de l'Urssaf. L'homme fut interrogé et expliqua aux gendarmes que son administration l'avait envoyé au salon, un jour de 2008, pour vérifier la situation de l'entreprise *César Bien-Être* et de ses employés. Il ignorait tout des activités réelles de l'établissement mais, après un quart d'heure de discussion avec la gérante – Sabrina –, celle-ci lui expliqua clairement la situation et lui proposa un échange de bons procédés : il s'engageait à rendre à ses employeurs un rapport favorable sur le salon et, en contrepartie, il avait immédiatement droit à une passe gratuite avec Nolwenn. L'homme accepta mais, pour éviter tout risque de traîtrise future, Sabrina le photographia pendant ses ébats. Le salon n'eut jamais aucun problème avec l'Urssaf, l'inspecteur avouant même aux enquêteurs qu'il était ensuite devenu un client régulier de l'établissement.

Une fois de plus, je vous épargnerai la liste incroyable des centaines d'investigations menées par la cellule Valise 56. Je n'en retiendrai qu'une, car elle est très représentative, selon moi, de la méticulosité hors du commun dont les pandores ont fait preuve dans cette affaire.

Ces gars sont allés jusqu'à rechercher quelles stations de radio avaient, dans la nuit du 21 au 22 juin 2011, diffusé la chanson évoquée par Nolwenn : *À l'ombre des jugements* de Keny Arkana. Pour ça, ils interrogèrent toutes les radios parisiennes ainsi que la Sacem, qui répertorie les diffusions musicales sur les médias audiovisuels français. Il s'avéra que cette chanson avait été diffusée par Génération 88.2 à 5 h 57 et par la webradio Rap2France à 6 h 08. Sachant que le soleil s'était levé à Paris à 5 h 48 ce matin-là, ça collait avec les déclarations de Nolwenn.

Si la plupart des recherches menées par les gendarmes se révélèrent sans aucun intérêt, quelques-unes leur permirent toutefois de confirmer tout ce que la jeune femme avait raconté.

Ils retrouvèrent ainsi les traces du voyage des deux femmes à Agadir le 20 juin 2011. Mais rien ne permit d'affirmer qu'en se rendant au Maroc Sabrina avait anticipé les événements, et donc que le meurtre avait été prémédité.

Une reconstitution dans le salon démontra que la strangulation avec le câble d'imprimante n'avait duré que onze secondes… d'où l'absence de marques d'écrasement sur le larynx.

Deux nouvelles expertises médico-légales furent pratiquées. Les légistes confirmèrent que les nombreux hématomes retrouvés sur le corps de la victime pouvaient avoir été provoqués par une lutte brève, certains résultant de chutes, voire de maintiens au sol. Sabrina avait certainement dû violenter Farid Ouzzane, déjà très affaibli, pour le maîtriser, le ligoter et lui entourer la tête de ruban adhésif.

Les experts précisèrent que le corps de la victime avait dû être placé dans la valise juste avant ou juste après la mort : c'est parce que la rigidité cadavérique n'était pas encore installée qu'il avait été possible de replier les membres pour glisser le corps dans la valise… *a fortiori* après lui avoir enlevé ses chaussures.

À toutes fins utiles, une équipe de TIC fut envoyée au salon mais, deux ans après la commission des faits, il fut bien sûr impossible d'y retrouver quelque indice que ce fût.

Les ouvriers qui étaient intervenus pour repeindre le salon au moment du crime furent identifiés et confirmèrent la présence sur place de la bâche et du scotch blanc.

Le vendeur de la valise fut retrouvé sur les Champs-Élysées. Il vendait effectivement des bagages de la marque Soleil et il précisa que, pour mieux vendre ses valises, il découpait toujours leur étiquette marquée « *Made in China* ». Or celle dans laquelle Farid Ouzzane avait été retrouvé ne possédait effectivement pas cette étiquette. Néanmoins, l'homme ne se rappela pas les deux femmes quand on lui montra les photos de Sabrina et de Nolwenn.

Toutes les compagnies de taxis parisiens furent interrogées et le chauffeur qui avait fait le trajet jusqu'à

Lorient fut retrouvé : départ de Pigalle le 23 juin 2011 à 1 h 10 min et 36 s et dépose à la gare de Lorient à 6 h 15 min et 32 s. Vive le suivi électronique des taxis ! Le chauffeur se souvenait parfaitement de cette course exceptionnelle qui lui avait rapporté 800 euros hors péages. Il se rappelait aussi les deux clientes super sexy et leur lourde valise. Il tomba des nues en apprenant qu'il avait transporté un cadavre dans son coffre : les deux femmes lui avaient affirmé que la valise contenait de la vaisselle, qu'elles emportaient à Lorient pour un salon professionnel. Le chauffeur confirma aussi qu'un homme les attendait à la gare de Lorient… et reconnut la photo du père de Nolwenn.

Ainsi, tout ce que Nolwenn avait raconté aux enquêteurs fut confirmé. Mais des zones d'ombre subsistèrent… et elles subsistent encore des années plus tard. Pourquoi la lumière s'est-elle soudain éteinte dans le salon quand Farid Ouzzane s'est levé pour partir ? Pourquoi, quand la lumière est revenue quelques secondes plus tard, le proxénète avait-il l'air hagard, prenant délicatement le poignet de Sabrina ? Pourquoi, ensuite, ne s'est-il débattu à aucun moment pour se défendre ?

Sur ce point, une hypothèse fut envisagée, selon laquelle Ouzzane avait pu être victime d'un malaise cardiaque. L'autopsie avait révélé une maladie coronarienne sévère, mais les nouvelles expertises ne confirmèrent pas ce scénario. Le manque de sommeil et de nourriture, la consommation de Lexomil et les coups de chandelier sur la tête sont apparus comme des explications beaucoup plus plausibles de son apathie. Pour ma part, j'ajouterai deux hypothèses : un AVC, que l'autopsie ne pouvait pas révéler vu l'état dégradé du cerveau, mais aussi une sorte de lâcher-prise, comme une abdication suicidaire face à l'agressivité vénale de celle qu'il avait aimée, à sa manière.

Peut-être Sabrina a-t-elle des réponses aux questions restées en suspens, mais elle n'a jamais cessé de nier toute implication dans la mort de son proxénète, associé et amant.

Elle affirma notamment qu'elle était absente du salon au moment du meurtre. Les faits la contredisaient, car Nolwenn ne possédait pas la télécommande du rideau métallique qui permettait d'ouvrir la boutique. La prostituée ne pouvait donc pas entrer en l'absence de sa maquerelle.

Sabrina argua également qu'elle n'aurait jamais été capable de soulever la valise contenant le cadavre, puisqu'elle souffrait depuis longtemps de douleurs au dos. Des expertises médicales démentirent cette incapacité.

Ses dénégations furent également contredites par le père de Nolwenn : il confirma que Sabrina était parfaitement au courant du contenu de la valise en arrivant à Lorient. Elle lui avait même dit : « Ne vous faites pas de souci : personne ne s'inquiétera de la disparition de ce salaud ! »

Les gendarmes retrouvèrent la femme de ménage de Farid Ouzzane à Agadir, qui apporta un témoignage accablant. En 2012, n'ayant aucune nouvelle de son employeur depuis plusieurs mois, elle avait téléphoné à Sabrina. Celle-ci lui avait répondu qu'Ouzzane allait très bien et qu'il n'y avait aucune raison de s'inquiéter. Pourtant, Sabrina a affirmé aux enquêteurs qu'elle n'avait aucune nouvelle de lui depuis juin 2011. Pourquoi, dans ce cas, a-t-elle fait cette réponse à la femme de ménage, sinon parce qu'elle savait que l'homme était mort et qu'elle souhaitait calmer les soupçons de son interlocutrice ?

Des investigations permirent également de prouver que Sabrina avait tiré de gros bénéfices financiers de la mort de Farid Ouzzane. En effet, dès juillet 2011, l'intégralité des bénéfices du salon lui était revenue. Outre une importante amélioration de son train de vie, la jeune femme s'était même permis de séjourner à plusieurs reprises dans la villa d'Agadir de sa victime. Elle savait donc qu'Ouzzane n'y était pas. Et pour cause...

Debout devant la fenêtre de son bureau, le capitaine Beaumont regardait s'éloigner la voiture qui ramenait en région parisienne ses deux collègues après presque deux ans passés à Lorient. La veille au soir, toute la brigade de la gendarmerie maritime avait dignement fêté la fin de cette affaire avec les agapes qui s'imposent en pareil cas.

— C'est quand même fou, lui dit le Vieux, debout dans un coin de la pièce, les bras croisés. Personne n'a jamais réclamé Victor. Le type s'est fait descendre et personne ne s'est jamais inquiété de sa disparition ! Comme s'il vivait hors-sol... Pas de famille, pas d'amis, rien d'autre que des relations de pognon et de cul. C'est triste...

— Il s'appelait Farid Ouzzane, pas Victor ! répondit le capitaine. Rendez-lui au moins son nom. Moi, ce qui m'épate, dans cette histoire, c'est que si ces deux filles n'avaient pas laissé la clé de son studio dans sa poche, on n'aurait jamais pu remonter jusqu'à lui. On n'aurait même pas su qui était notre homme. Et elles auraient commis le crime parfait.

— Et si le serrurier du Pré-Saint-Gervais n'avait pas changé la serrure deux semaines avant qu'on débarque, c'était foutu aussi !

— Oui, et sans la fuite d'eau dans l'immeuble du VIIIe, il n'aurait jamais changé la serrure… C'est l'effet domino !

— Capitaine ! cria le Bleu en entrant précipitamment dans le bureau. On a reçu un mail de la préfecture qui nous demande de mettre en place une opération anti-excès de vitesse dans la rade ! Apparemment, y a un ministre qui doit venir annoncer un truc là-dessus la semaine prochaine, et donc ils veulent qu'on prépare le terrain…

— OK, on va s'occuper de ça. Allons-y, messieurs, allons appréhender les chauffards de la mer !

Le procès de « l'affaire Ouzzane » s'ouvrit en décembre 2016 devant la cour d'assises du Morbihan, à Vannes. Au fil des jours, tous les indices s'accumulèrent pour étayer le témoignage accablant de Nolwenn. Et toutes les tentatives de l'avocat de Sabrina pour insuffler le doute dans la tête des jurés – avant de plaider l'acquittement – furent vaines.

À l'issue des délibérations, Sabrina fut reconnue coupable du meurtre de Farid Ouzzane et condamnée à douze ans de réclusion criminelle. Nolwenn, elle, fut condamnée à six ans d'emprisonnement pour complicité d'homicide volontaire. Quant à son père, il écopa d'une peine d'un an de prison avec sursis pour recel de cadavre.

Seule Sabrina fit appel de sa condamnation. Deux ans plus tard, sa peine fut confirmée par la cour d'appel de Saint-Brieuc.

Du fond de sa cellule, Sabrina ne cesse de nier sa participation au meurtre de Farid Ouzzane, notamment dans les courriers qu'elle échange avec ses sœurs et ses amies.

Pour ce qui est de Nolwenn, je vous invite, en guise de conclusion à cette affaire hors du commun, à lire la lettre extrêmement émouvante qu'elle adressa un jour à son père, du fond de sa cellule, et qui témoigne merveilleusement, selon moi, de l'état d'esprit de la jeune femme en pleine reconstruction.

Papa,

Je t'écris cette lettre pour te dire de ne pas t'inquiéter pour moi, et de ne pas penser à moi avec tristesse. Ne sois pas triste, moi je ne le suis pas. La seule chose qui compte pour moi est que toi tu puisses avoir une vie normale et que tu puisses profiter sans te soucier de moi, je sais que cela t'est difficile parce que tu m'aimes. Mais moi je t'aime encore plus et surtout la vie en prison est très agréable. Je mange à heure fixe, je peux faire du sport, il y a une bibliothèque et je suis très bien traitée. Mon seul souhait serait d'oublier que cet horrible monde existe, pour moi les monstres sont dehors, et je me sens en sécurité en prison, où personne ne peut me faire du mal et où il y a des gardiens partout pour nous protéger. Rien ne me manque, alors ne t'inquiète pas, c'est pas de ta faute, c'est pas de ma faute. C'est le monde qui est étrange. J'appréhende juste qu'on vienne encore me chercher pour un procès absurde. C'est répugnant de venir se repaître du malheur des gens, et ça ne vaut pas mieux que ces arènes antiques où les gens étaient mis à mort selon l'humeur de la foule. S'ils savaient comme je suis en paix ainsi, tranquille. Enfin Papa, sache que je sais enfin qui je suis, que je suis en paix avec moi et avec ma conscience, que pour moi c'est ça la liberté et la liberté, papa, ça n'a pas de prix.

Ta fille qui t'aime et qui t'adore,
Nolwenn

PS : ne m'écris pas, je t'entends où que tu sois.

La lettre était suivie d'un dessin très fin à l'encre noire, montrant un grand arbre touffu et aux longues racines, devant un ciel de nuages moutonneux.

En novembre 2018, Sabrina a formé un pourvoi en cassation contre l'arrêt de la Cour d'assises d'appel de Saint-Brieuc qui avait confirmé sa condamnation. Au moment où nous imprimons ces pages, la Cour de cassation n'a pas encore rendu sa décision. À ce jour, Sabrina demeure donc présumée innocente.

Jean-Marc Bloch
et Rémi Champseix

TEKNIVAL SANGLANT
L'AFFAIRE MATHILDE CROGUENNEC

Le 26 juin 2005, le corps sans vie de Mathilde Croguennec, 18 ans, est retrouvé dans un bois au milieu du teknival de Carnoët, dans les Côtes-d'Armor. La jeune fille a été poignardée à vingt-huit reprises. Les enquêteurs savent qu'ils n'ont pas une minute à perdre car le meurtrier se cache certainement parmi les 43 000 « teufeurs » qui assistent à la rave géante.

Le commissaire Jean-Marc Bloch raconte cette affaire hors du commun où la réalité dépasse la fiction.

Retrouvez toute l'actualité de Pocket :
www.pocket.fr

POCKET
Un livre, une rencontre.

Jean-Marc Bloch

et Rémi Champseix

LE MYSTÈRE DU PATISSIER EXÉCUTÉ
L'AFFAIRE CHRISTOPHE BELLE

Le 17 mai 2005, un promeneur découvre le corps d'un homme sans vie dans un bois de Sucy-en-Brie, en région parisienne. Il s'agit de Christophe Belle, 40 ans, un pâtissier à succès dans le quartier du Marais, à Paris. Il a reçu trois balles dans la tête et de la cocaïne est retrouvée près de son cadavre. Lors de leur enquête, les hommes de la brigade criminelle du 36, quai des Orfèvres, vont aller de surprise en surprise.

Le commissaire Jean-Marc Bloch raconte cette affaire hors du commun où la réalité dépasse la fiction.

Retrouvez toute l'actualité de Pocket :
www.pocket.fr

POCKET
Un livre, une rencontre.

Cet ouvrage a été composé et mis en page
par PCA, 44400 Rezé

Imprimé en France par CPI
en octobre 2019
N° d'impression : 3035258

POCKET – 12, avenue d'Italie – 75627 Paris Cedex 13

S29983/01